이것이 라멘!

JN442678

이것이 라멘!

요리 코믹북

휴 아마노　새라 비컨

차 례

곁들임

다양한 응용 메뉴들

여는 글

안녕하세요? 저는 휴입니다.
안녕하세요? 새라예요.
라멘의 세계에 오신 것을 환영합니다!
셰프이자 작가인 휴와
일러스트레이터이자 만화가인 새라는
쫄깃한 면, 은은한 국물, 맛있는 토핑이 어우러져 빚어내는 환상적인 이 조화에 반해버렸죠.
지금부터 저희 두 사람을 잘 따라오시면 여러분의 주방에서도 누구나 맛있게 한 그릇 뽑을 수 있을 거예요.
라멘 트윈 파워... 얍!
라멘의 역사와 문화에 대해서도 살짝 알아보고
가정에서 갖춰두어야 하는 라멘 재료들도 자세히 알려드릴 거예요.

집에서 만들 수 있는 라멘의 다양한 요소들을 설명해 드린 다음,
많은 이들의 사랑을 받은 기본 레시피를 소개하고, 저희만의 변형 레시피까지 보여드릴게요!
여러분은 간단한 육수를 만들고, 이를 바탕으로 풍미 가득한 국물을 만들 수 있게 될 거예요.
시판 면을 고르는 법은 물론이고, 집에서 직접 면을 뽑는 방법도 배울 거예요.
집에서 시도할 수 있는 토핑과 고명 레시피를 통해 전체적인 풍미와 향, 질감을 극대화하는 법도 알려드릴게요.
중간중간 라멘 업계의 거물들이 깜짝 등장해 여러분에게 도움이 될 조언을 해주는 코너도 놓치지 마세요.
그럼 출발해 볼까요?
라멘 국물의 바다로!

라멘 101

간단한 라멘의 역사

1868년, 2세기 남짓 길었던 일본의 에도 막부 집권 시대가 막을 내리고 메이지 시대가 막 문을 연 참이었습니다.
이와 함께 그때까지 굳게 닫혀 있던 수교의 문이 열리며 외국의 경제와 문화를 받아들이기 시작했지요.
당시 중국에서 손으로 뽑는 수타면, 라멘이 일본으로 넘어와
시간이 흐르며 손으로 자르는 라멘이 되었습니다.

19세기에서 20세기로
넘어오는 어느 시점부터
항구 도시들의 상인들이
포장마차에서 국수를
팔기 시작했습니다.

지역 노동자들에게
영업을 알릴 목적으로
불기 시작했던
차루메라는 어느새
이들의 상징이 되었지요.

2차 세계 대전 때는
식량 배급 제도로 인해
밀 품귀 현상이 빚어졌습니다.
사실 당시에는 대부분의
식재료가 귀했지요.

하지만 미국의 식량 원조
덕분에 다시 밀 보유량이
넉넉해지자, 라멘 같은
밀국수의 부흥을 위한
무대가 마련되었습니다.

전후, 경기가 회복하며
곳곳에 라멘집이 생기자
누구나 부담 없이 맛있는
라멘 한 그릇을 즐길 수 있는
시대가 열렸습니다.
1958년에는
대만에서
일본으로 넘어온
안도 모모후쿠라는
이름의 한 기업가가
라멘 면을 짧은 시간 기름에
튀겨 장기간 보존하는
방법을 고안했고
이렇게 탄생한 인스턴트 라멘은
저렴한 가격과 보존성을 앞세워
세계 각지에서 사랑받는
음식이 되었습니다.

이후 라멘은 대학교 기숙사에서
즐겨 먹는, 값싼 식료품의 대명사
취급을 받았습니다.

라멘은 길고 긴
일본 내 역사를
바탕으로 한 음식이
아니기에 오히려 전통과
고정관념의 틀을
깨고 발전할 수
있었으며

만드는 사람의
개성과 유연함을 한 그릇에
담아낼 수 있었습니다.

이후 라멘은 발전에 발전을 거듭했고
일본 전역, 그리고 세계 각지에서 오픈한
셀 수 없는 라멘집에서
오늘도 국물을 내고, 최고의 면을 뽑고, 다양한 토핑을 시험대에 올리면서
수많은 라멘 요리사들이 도전장을 내밀고 있습니다.
오늘보다 더 맛있는 내일의 한 그릇을 위해!

라멘 즐기는 법

잘 만든 한 그릇의 라멘은 향과 풍미, 질감, 적절한 온도가 조화를 이룬 한 곡의 교향곡과도 같습니다.

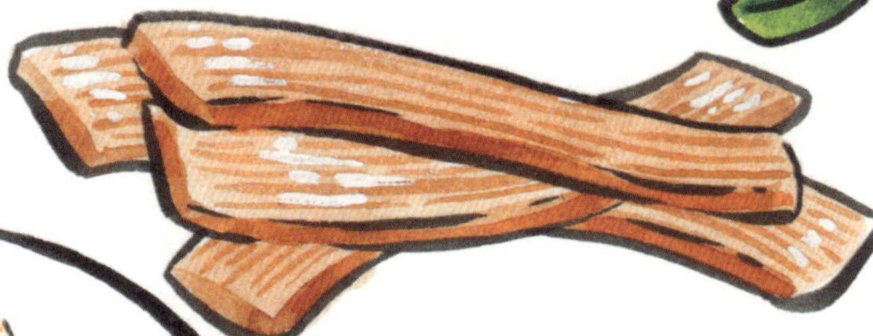

쫄깃한 면발과 꼬들꼬들한 멘마, 바삭한 파와 기름진 식감의 육향 진한 차슈, 김이 모락모락 피어오르는 국물과 차가운 달걀, 이렇듯 라멘은 강렬한 개성을 자랑하는 음식입니다.

하나의 악단 안에서 각 재료들이 자신만의 음을 큰소리로 내뿜으며 각자 맡은 역할을 충실히 수행하지요.

그렇기에 여러분 앞에 놓인 라멘을 즐기기 전에, 각 재료의 음을 느끼며 조금씩 조율해 보는 것을 권합니다.

먼저, 한 그릇의
라멘이 보여주는
이 멋진 조화를
느껴보세요.

완성된 한 그릇의
라멘의 아름다움은
무척 단순합니다.

둥그런 그릇 안에 곱게 담긴 면,
그리고 그 위를 장식한 재료들의
색과 모양이 깊은 인상을 남깁니다.

맑고 깔끔한 국물 혹은
진하고 깊은 국물, 꼬불꼬불 휜 면
혹은 곧게 뻗은 면, 약간의 멘마,
그리고 차슈.

멀리서 라멘의
경이로움을 감상하는 데
그치지 말고 얼굴을
가까이 대보세요.
솔솔 올라오는 김에서 국물의 기운과
그 안에 담긴 다양한 향을 느껴보세요.
이렇게 먼저 후각을 자극해
식욕을 돋운 다음, 숟가락을
들고 국물을 한 숟갈
후루룩 맛보세요.
길고 긴 조리 과정이 이 첫맛에
응축돼 있으니 천천히 즐겨보세요!
후루룩의 과학!
국물이나 면을 후루룩 소리 내며 먹으면 온도를 낮추는 효과와 더불어 여러 향미 성분을
활발히 움직이게 하는 효과가 있기에 좀 더 맛있는 한 그릇의 라멘을 즐길 수 있습니다.
후루룩
물론 일본 외 여러 국가에서는
음식을 먹을 때 이렇게 후루룩 소리 내는 걸
비매너로 간주하기도 합니다. 하지만
라멘을 먹을 때만큼은 엄격한 에티켓은
잠시 치우고 과감히 시도해 보세요!
후루룩은 라멘을 먹을 때 빼놓을 수
없는 과정이며, 여러분이 라멘을
맛있게 먹고 있다는 걸 요리사에게
보여줄 수 있는 방법이기도 합니다.
그 요리사가 여러분이라 해도 말이죠.

가끔은 위에 얹힌
토핑이 너무 많아서
아래에 면이 있다는 걸
깜박할 때도 있을 거예요.
잊지 말고 젓가락으로
몇 가닥 집어서
그 아름다운 면발을
감상해 보세요.
꼬불꼬불 휘어진 면도
있고, 곧게 뻗은 면도
있습니다. 독특한 질감이나
색감이 있지는 않은지
관찰해 보세요.
면에서 뜨거운 김이
살짝 가시면, 후루룩
소리와 함께
즐겨보세요.
라멘의 면은
염기(알칼리) 성분이
낮은 면에 비해 바디감이
높고 쫄깃해서 뜨거운
국물 속에서도 쉽게
퍼지지 않습니다.
잘 만든 면을 입안에서
충분히 씹어보세요.
젓가락을 서로 문지르는 것은
좋지 않은 식사 예절로 간주되는
경우가 많습니다. 자칫 식당에서
사용하는 젓가락의 품질을 의심하는
것처럼 보일 수 있지요(여러분이
평소 좋지 않은 젓가락을 많이
쓴다는 느낌을 줄 수도 있고요).

이제 토핑을 즐길 차례입니다. 토핑의 종류는 라멘마다 천차만별이지만, 보통 편으로 크게 썬 차슈는 들어가 있는 게 일반적이에요. 젓가락으로 한 조각 집어 들고 한 입씩 씹어 맛을 보세요.
아마 달걀도 하나쯤 올려져 있을 거예요. 숟가락으로 잘 떠서 젓가락으로 살짝 움켜쥔 뒤 한 입 베어 물어보세요.
삶은 정도에 따라 달걀의 모양이 무너지지 않기도 하고 혹은 흰자가 열리며 황금색 노른자가 잔뜩 흘러나오기도 할 거예요 (특히 온센 타마고라면 더더욱).
그렇더라도 당황하지 마세요. 그대로 노른자를 숟가락에 담아두어도 좋고, 아니면 면이나 다른 토핑에 흘려보내도 좋습니다. 심지어 국물에 들어가도 괜찮아요.
보다 단단하게 조리된 달걀이라면 그대로 국물 위에 올려두고 사이사이 한 입씩 먹어보세요.
간혹 밥에 젓가락을 꽂아두는 모습을 볼 수도 있는데, 일본에서 이는 주로 망자에게 음식을 바칠 때 하는 풍습 또는 종교적 의식이에요.
그러므로 라멘을 먹을 때 젓가락을 그릇에 꽂아두면(사실 이는 다른 음식도 마찬가지예요) 자칫 불쾌한 행동으로 보일 수도 있고, 때론 불길하게 여겨질 수도 있어요.
젓가락을 사용하지 않을 때는 그저 그릇 위에 가지런히 올려두면 된답니다.

이쯤 되면 미각과 후각이 최대한 자극되고 나도 모르게 얼굴을 가까이한 채 젓가락을 움직이며, 어째서 라멘이 개인적 체험에 가까운 요리인지 알게 될 거예요.
라멘집, 라멘 가게를 일본어로는 라멘야라고 합니다.
일본어 접미사 -야(屋)는 '가게'를 의미해요.
ラーメン屋
ラーメン
물론 집에서 다른 이들과 함께 라멘을 먹는 것도 즐거운 경험이지만, 상당수의 일본 라멘집은 서로 마주보지 않는 구조를 갖추고 있어요. 보통은 바를 향하거나, 그렇지 않다면 벽을 마주보게 되어 있지요.
라멘집은 옛 친구와 회포를 풀거나 긴 시간 머무르며 술과 담소를 즐기기에는 적합하지 않은 곳입니다.
라멘 자체가 빠르게 먹는 음식이니까요. 뜨거울 때 모든 재료를 먹어야 하죠. 특히 국물이 뜨거우니 면도 조금씩 계속 붇고 있다는 걸 명심하세요.
물론 집에서 먹을 땐 조금은 천천히 즐겨도 괜찮지만, 이야기는 라멘을 다 먹고 난 후에 해도 늦지 않잖아요.
오늘 어땠어?
이따 얘기해. 먼저 먹고.

라멘에 어울리는 음료로는 뭐가 있을까요?
라멘에 곁들일 음료로는 일반적으로 청량감을 주면서 라멘의 풍미를 해치지 않는 음료가 어울립니다.
사이사이 간단한 입가심으로는 찬물도 좋고,
라이트한 일본 스타일 맥주도 무척 잘 어울리지요.
IPA 맥주나 섬세한 와인은 라멘을 먹기 전이나 아예 먹고 난 후에 드시는 것을 권해요.

그릇을 통째로 들고 남은 국물을 들이켜거나 젓가락으로 바닥에 남은 면 등의 재료를 긁어 먹는 것은 에티켓에 어긋나지 않는 행동이랍니다.
그러니 얼마든지 맘껏 즐기세요. 바닥까지 싹싹 긁어 먹은 후에는 등을 기대고 편히 앉아 입과 얼굴을 닦고,
따스해진 배를 문지르며 여운을 만끽하세요.

라멘 어드벤처의 브라이언 맥덕스턴과 함께하는

일본 라멘집 구경하기

내부에 들어가면 자리를 잡고 앉아 식권을 보여 줍니다.
라멘이 조리되는 과정을 즐겁게 감상하세요.
식당 안에서 들려오는 고요한 백색소음에 귀를 기울여보세요. 일행이 있다면 너무 큰소리로 이야기하지 않게 주의해 주세요.
완성된 라멘을 건네며 메뉴명을 불러 줄 거예요.
조리된 면은 10분쯤 후면 흐물흐물 불어 버리니 바로 드세요. 면을 후루룩 먹으면 그렇게 뜨겁지 않을 거예요. 기다리는 손님들을 배려해 가급적 음식에만 집중해 빠르게 먹는 것이 좋겠지요.
음식을 받을 때 일본어로 "이타다키마스"라고 말하면 음식을 만들어준 이에게 고마움을 표현할 수 있습니다.
일본에서는 식사를 마친 뒤 "고치소사마데시타"라고 말함으로써 식사 전 인사와 마찬가지로 감사함을 표현할 수 있어요.
불필요하게 자리를 차지하고 있지 않는 게 중요합니다. 라멘집에 입장해 식권을 구매하고, 식사하고, 자리를 뜨기까지 걸리는 시간은 보통 15분 가량입니다.

팬트리

팬트리에 구비해 두어야 하는 라멘 조리 재료들은 생각보다 복잡하지 않습니다. 기본적으로 냉장고나 냉동고에 보관하는 육수와 타레, 육류, 토핑, 면 등을 제외하고 다음의 재료들을 준비해 두면 라멘 조리 과정이 한층 매끄러워질 거예요.

여기 소개한 재료들은 일식 재료 상점이나 대형 마트, 온라인 등에서 구할 수 있습니다.

쇼유(간장)

시중에 판매하는 쇼유는 비교적 저렴한 제품에서부터 수제 간장, 고급 간장까지 무척 다양합니다.

쇼유와 타마리 간장은 중국 간장에 비해 다소 연하므로 간을 할 때 이를 고려해서 양을 조절해야 합니다.

일반적으로 재료를 졸이거나 삶을 때는 마트에서 판매하는 간장을 사용하면 됩니다. 다만 산분해 간장이 아닌 콩발효 간장을 사용해야 하는 걸 잊지 마세요.

타레에 쓸 쇼유는 다소 예산이 올라가더라도 좋은 제품을 써서 은은한 풍미의 차이를 살리는 것을 권합니다.

미소(일본 된장)

미소는 누룩으로 발효한 콩을 원료로 숙성해 만든 일본식 된장입니다.

이 책에서 기본 미소 타레(p. 48)에 사용하는 미소는 두 종류이지만, 쇼유와 마찬가지로 미소의 세계 역시 넓고 그 종류가 다양하니 취향 따라 맘껏 시도해 보세요.

고추장

짠맛에 매운맛을 더하고 싶을 때 고춧가루를 넣어 발효한 한국 고유의 장, 고추장을 사용합니다. 미소에 조금 더하거나 미소 대신 넣을 거예요.

산초와 초피

산초와 초피는 닮은 점이 많은 식재료로, 음식에 들어가 기분 좋은 얼얼함과 감귤류의 신맛을 느끼게 해주는 동시에 매운맛의 균형을 잡아 주는 역할을 합니다. 처음에는 좀 어색할지 몰라도 은근 중독성이 있지요. 보통 음식에 넣기 전에 갈아서 체에 걸러 사용합니다.

시치미(일곱 가지 맛을 내는 고추)

시치미는 브랜드에 따라 고추, 산초, 김, 참깨, 진피 등의 향신료를 배합해 만든 조미료입니다. 완성된 라멘에 뿌려 먹으면 다양한 향을 내주지요.

천일염

저희는 주방에서 요리할 때 가급적 정제된 코셔 소금이 아닌 천일염을 사용하려고 합니다. 천일염이 제품에 따라 좀 더 다양한 맛과 풍미를 제공하거든요. 특히 시오 타레(p. 46)를 만들 때 이런 특징이 더 부각됩니다. 천일염이 필수는 아니지만, 소금 종류만 해도 오대양만큼이나 많으니 골고루 맛보세요.

라멘 건면

갑자기 생면이 떨어지거나 수제 면(p. 79)을 만들 재료가 없을 때를 대비해 건면을 구비해 두는 것도 나쁘지 않습니다.

보통 1인분에 약 60에서 90g의 건면을 사용하며, 생면에 비해 조리 시간이 오래 걸리므로 꼭 포장지의 조리법을 읽고 조리하시길 권합니다.

가쓰오부시

가다랑어를 훈제하고 말린 뒤
갈아서 만든 식재료입니다.
일본에서는 주로 뜨거운 음식
위에서 춤추는 모습으로 만나게
되는데, 라멘의 경우 국물에
어마어마한 감칠맛을 더해주는
역할을 합니다.

장인의 손길로 가공한
가쓰오부시 덩어리는 물론
굉장하지만(장작처럼 생겼으며,
전용 대패가 있어야 갈 수 있습니다),
라멘을 만들 때는 이미 갈려 나온
포 형태를 쓰는 것이 간편합니다.

건멸치(니보시)

이 작은 생선 역시 국물에
깊은 감칠맛을 더해주지만,
입맛에 따라 맛이 너무 강하거나
비리다고 느낄 수도 있습니다.
좋아하는 사람은 뜨거운
밥 위에도 얹어 먹는 등,
일본 요리에서 폭넓게
사용되는 재료입니다.

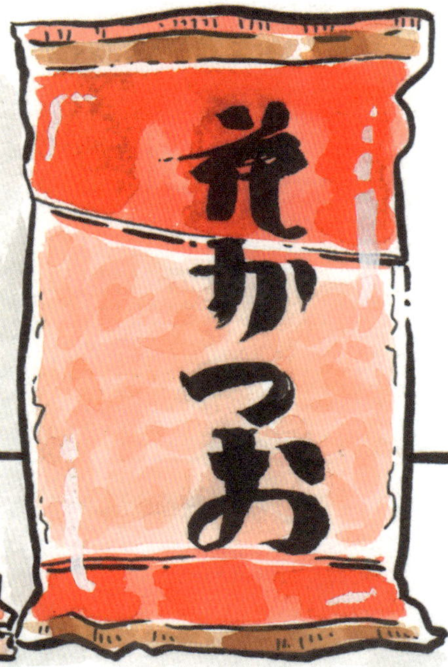

다시마

다시마는 두꺼운 해조류의 일종으로
글루탐산이 풍부한 식재료입니다.
글루탐산은 음식에 감칠맛을 더해 주는 것으로
알려진 아미노산이지요. 그래서 라멘 육수를
뽑을 때 다시마를 사용합니다.

김

김은 초밥 등에서 볼 수 있는, 종이처럼 얇게 말린
해조류입니다. 라멘에 사용하면 바다의 향과 감칠맛을
더해주지요. 주로 구운 김을 사용하나, 요리 재료로
사용할 때는 소금 등으로 간한 종류는 피하는 것이
좋습니다. 김의 바삭함을 그대로 느끼기 위해서는
라멘을 먹을 때 김을 먼저 먹는 것도 좋은 방법입니다.

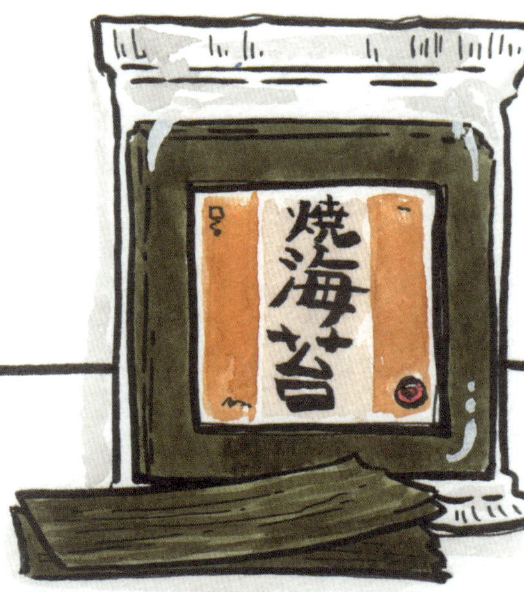

미림

찹쌀을 주원료로 만든, 단맛이 강하고 알코올 도수가 비교적 낮은 요리용 술입니다. 타레(p. 46-48)와 각종 조림에 사용합니다.

일본에서는 흔히 쓰이는 식재료로, 초밥을 먹어본 적이 있다면 아마 미림도 이미 맛보았을 거예요.

청주

쌀을 원료로 만든 일본식 술. 미림에 비해 단맛이 낮아 좀 더 차분한 맛이 필요한 요리에 사용합니다.

와인과 마찬가지로, 요리에 쓰는 청주 역시 그냥 마셔도 될 정도의 품질을 지닌 술을 써야 합니다.

피시 소스

피시 소스는 일본 요리보다는 동남아 요리에서 주로 볼 수 있습니다. 아도보 치킨 라멘(p. 163)에서도 중요한 역할을 하는 이 피시 소스는 국물이나 조림, 기타 감칠맛이 필요한 곳이라면 어디서든 충분히 자기 몫을 할 수 있는 중요한 식재료입니다.

파

이 책에서 '파'라고 하면 이는 대각선으로 가늘게 어슷 썬 녹색 부분을 주로 가리킵니다. 그 외 흰 부분을 사용할 때는 레시피에 따라 어떻게 썰어 준비해야 할지 설명해 두겠습니다.

조리 기구

가정에서 요리할 때는 굳이 거창한 조리 기구를 잔뜩 구비해 둘 필요가 없습니다. 아마도 잘 찾아보면 라멘 한 그릇 만드는 데 필요한 기구는 이미 가정에 다 갖추고 있을 거예요.

여기 소개하는 건 좀 더 원활한 조리 과정을 도와줄 도구들로, 신경이 불필요하게 분산되는 일 없이 조리에만 집중할 수 있게 해 줄 거예요. 중요한 건 라멘이니까요!

이런 조리 기구들은 대형 마트나 온라인에서 쉽게 찾아볼 수 있습니다.

육수 냄비

12에서 16리터(L) 정도의 육수 냄비면 국물을 끓이기에도 충분하고 면도 여유 있게 삶을 수 있습니다. 물 양이 충분해야 면을 넣은 직후 온도가 많이 떨어지지 않고, 삶는 물에 남는 전분 양도 적어져요.

추가 냄비들

실제로 라멘을 만들게 되면 추가로 냄비가 필요하게 되니 1-2L에서 4-6L 정도의 냄비를 두어 개 준비해 두면 좋습니다. 거기에 무거운 뚜껑이 있는 주물 재질의 찜냄비가 있으면 차슈(p. 89) 등 조림 요리를 할 때 유용해요.

웍

열 전달력이 뛰어난 웍은 볶음, 찜, 튀김 등 다양한 조리법에서 그 실력을 발휘하며, 토핑과 국물을 데울 때도 무척 유용합니다.

웍을 구매할 때는 탄소강 재질(강철 웍)을 선택하는 것을 권하며, 코팅 재질은 피하는 것이 좋습니다. 지름 35cm 정도에 긴 손잡이가 있어 볶을 때 쉽게 웍을 핸들링할 수 있는 제품이 좋고, 반대편에 작은 손잡이가 있으면 안에 재료가 차 있는 웍을 이동할 때 편리합니다.

중식 국자

주로 웍 요리를 할 때 사용하는 중식 국자는 볶음과 국물 요리에 모두 사용할 수 있는 만능 도구죠.

웍과 마찬가지로 철제를 추천하고, 길이는 웍의 너비보다 길며 단열용 나무 손잡이가 달려 있으면 좋습니다. 평소에 국자의 용량을 재어 기억해 두면 요리할 때 빠르게 참고할 수 있을 거예요.

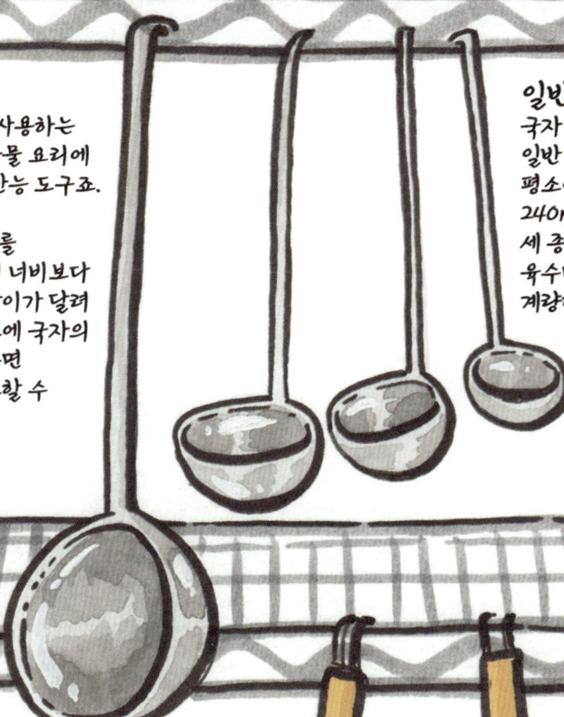

일반 국자

국자 얘기가 나온 김에 일반 국자도 짚어 볼까요? 평소에 국자를 30mL, 120mL, 240mL 등 대중소 크기로 세 종류 정도 구비해 두면 육수나 국물, 타레 등을 계량할 때 편리합니다.

면 건지기

필수품은 아니지만 있으면 면을 1인분씩 소분해 조리하고 건질 때 채반을 쓰는 것보다 훨씬 편리합니다. 또한 물을 버릴 필요가 없어지므로 뜨거운 물을 계속 재활용할 수 있게 됩니다.

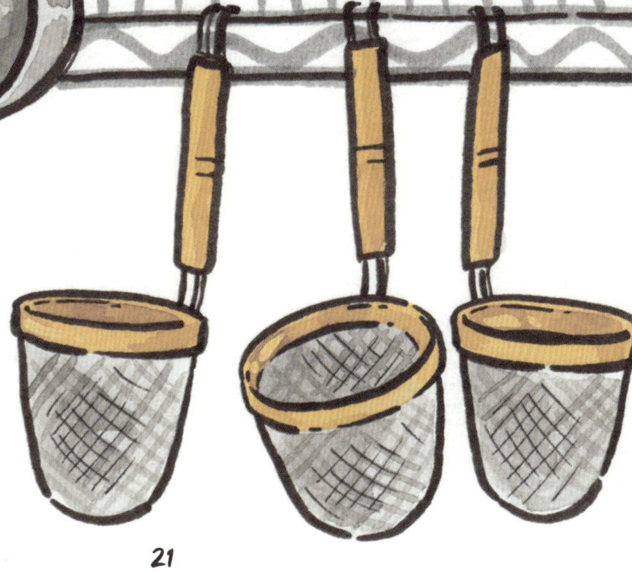

제면기
기계적인 힘을 가해 면을 뽑아내는 제면기는 수제 면(p. 79)을 만들 때 없어서는 안 될 필수품입니다.

물론 제면기 없이도 밀대와 튼튼한 팔만 있다면 면을 뽑는 게 불가능한 일은 아니지만, 여러분이 팔씨름 대회 챔피언이 될 생각으로 요리를 하는 게 아니라면 이 이탈리아식 제면기는 후회 없는 선택이 될 거예요.

압력솥
가스식 혹은 전기식 압력솥을 쓰면 조림이나 육수를 조리할 때 드는 시간을 상당 부분 줄여줍니다.

168-169쪽에 압력솥 레시피가 나와 있는데, 그 외에도 일반적인 조리를 할 때 압력솥을 활용해보세요. 이때 각 제품의 사용 설명서를 참조하는 걸 권합니다.

저울
주방에 전기 저울을 하나 마련해 두면, 특히 수제 면을 뽑는 과정에서 재료를 계량하고 소분할 때 무척 유용합니다.

값비싼 고급 모델이 아니어도 괜찮습니다. 무게만 제대로 나오면 되니까요.

젓가락

일반 크기와 대형 젓가락 두 종류를 구비하는 걸 권합니다. 젓가락은 조리 중인 면을 휘저을 때 또는 재료를 뒤집거나 볶을 때도 쓰고, 육류가 다 익었는지 찔러서 확인할 때도 유용합니다.

채칼과 강판

채칼과 강판은 칼질만으로 해결할 수 없는 재료 손질에 유용한 도구입니다. 재료를 얇게 썰 때는 채칼을, 마늘이나 생강 등을 미세한 입자로 갈 때는 강판을 씁니다.

보관 용기

이 책에서 제공하는 레시피는 대부분 다인분 레시피로, 1회 분량으로 소분해 두면 나중에 편리하게 조리할 수 있습니다.

전문 식당에서는 보통 델리 용기를 쓰는데, 델리 용기는 보통 델리에서 샐러드 등을 구입하면 담아 나오는 1회용 플라스틱 용기를 말합니다.

물론 다회용 플라스틱 보관 용기를 사용해도 되고, 통조림 등에 사용하는 유리 용기를 써도 됩니다. 단, 유리 용기를 냉동실에 넣을 때는 내용물이 팽창하는 걸 감안해 내부에 여유를 두어야 합니다.

한 그릇의

한 그릇의 라멘이 만들어지는 과정을 전체적으로 정리하면서
일본 라멘집의 복잡한 레시피를 가정에서 쉽게 따라 할 수 있게 조금 변형해 보았습니다.

라멘은 일본에서도 비교적 그 역사가 짧은 편에 속하기에 (이제 100년 남짓밖에 안 됐으니까요!) 아직 재료나 조리법에서 다양한 가지로 뻗어 나갈 여지가 많습니다.
그러므로 다음의 내용을 참고하되, 타레나 토핑 등을 원하는 대로 조합해 보세요. 26-27쪽에 저희가 추천하는 재료 조합 차트도 준비해 두었습니다.

한 그릇의 라멘에는:
타레로 간한, 지방의 풍미 가득한 국물 360mL
국물=육수+타레+지방

라멘 완성하기

추천하는

메뉴		국물
시오라멘		 시오 국물(p. 46)
쇼유라멘		 쇼유 국물(p. 47)
미소라멘		 미소 국물(p. 48)
돈코츠라멘		 돈코츠 국물(p. 52) 시오 타레 양념(p. 46)
고기 듬뿍 특면		 돈코츠 국물(p. 52) 시오 타레 양념(p. 46)
채소 듬뿍 특면		 채소 국물(p. 60) 쇼유 타레 양념(p. 47)

재료 조합

집에서 만든 수제 면은
1인분에 150g(p. 79)

마트에서 판매하는 시판 생면도
150g을 사용하고

건면이라면 약 60에서
90g을 사용합니다.

아래의 조합에
김, 멘마(p. 110),
파로 마무리하세요.

육류	곁들임
차슈(p. 89)	아지타마고(p. 104), 볶은 브로콜리(p. 115)
차슈(p. 89)	온센타마고(p. 108), 볶은 버섯(p. 114)
차슈(p. 89)	아지타마고(p. 104), 구운 닭 껍질(p. 117), 라유(고추기름, p. 124)
차슈(p. 89)	볶은 시금치(p. 116), 절인 표고버섯(p. 111), 마유(흑마늘기름, p. 125)
차슈(p. 89), 야키토리(p. 96), 풀드 포크(찢은 돼지고기, p. 92), 고기 경단(p. 98)	아지타마고(p. 104), 절인 표고버섯(p. 111), 구운 닭 껍질(p. 117), 온센타마고(p. 108), 마유(흑마늘기름, p. 125)
없음	아지타마고(p. 104), 절인 표고버섯(p. 111), 볶은 청경채, 무, 콜리플라워(p. 115), 마유(고추기름, p. 124)

그럼 시작해

면 삶을 물을 올리고
면 건지기와 저을 때 쓸 젓가락을 준비해 둡니다.
그릇은 차가워지지 않게 인원수만큼 미리 꺼내 준비해 둡니다.
음료를 따라 두고 수저를 세팅하고
입맛에 따라 첨가할 수 있게 시치미나 각종 향미유 등을 미리 테이블 위에 준비해 둡니다.

볼까요

국물을 데우고
면을 넣을 준비를 합니다.
토핑도 함께 데웁니다.
각종 고명을 썰어 준비하고 달걀은 껍데기를 벗겨 취향에 따라 반으로 잘라 둡니다.
물이 끓으면 면을 넣고 2분간 삶습니다.

면 삶기가 1분 정도 남았을 때, 뜨겁게 데운 국물을 그릇에 360mL 정도씩 붓습니다.
삶은 면의 물기를 잘 뺀 뒤 국물이 담긴 그릇에 곱게 잘 담습니다.
차슈와 풀드 치킨 (찢은 닭고기), 볶은 채소 등의 고명을 그릇 한쪽에 잘 담습니다.
달걀을 고기 옆에 올립니다.

멘마, 초생강,
파, 절인 표고버섯,
볶은 샬롯과 대파,
참깨 등의 비교적
작은 고명들을
면 위에
올립니다.
향미유를
국물 가장자리에
두릅니다.
마지막으로
김이나 구운
닭 껍질 등 바삭한
고명을 면과
고기 뒤쪽에
잘 넣습니다.
완성입니다!

육수&국물

육수, 타레, 국물의 모든 것

한 그릇의 훌륭한 라멘을 만드는 데 가장 중요한 요소인 국물부터 알아보겠습니다.

시작하기 전에 용어 몇 개를 먼저 정의하고 갈게요. 육수와 국물의 차이가 뭘까요?
또 타레… 타레는 또 대체 뭐죠? 이 용어들의 의미를 정리해 보았어요.
우선 먼저
육수
훌륭한 육수는 라멘의 풍미를 빚는 기초가 되어줍니다. 이 책에서는 다시(p. 45)도 육수로 간주할게요.
육수는 보통 육류 뼈에 향미 재료를 섞어 긴 시간 물에 우려낸 것입니다.
그럼 그 과정에서 뼈에 함유된 풍미와 콜라겐 형태의 젤라틴이 물에 녹아 나오지요.
하지만 육수만으로는 라멘에 필요한 풍미를 모두 구현할 수 없어요. 육수에 양념을 더해야 해요. 그게 바로
타레 입니다.
타레는 각기 다른 라멘에 그 특유의 깊은 맛을 살리는 양념입니다.
보통 소금, 미소, 간장, 미림을 섞어 만들며, 식초를 넣는 타레도 있는 등 그 조합은 무궁무진해요.
타레를 구성하는 주요 재료에 따라 쇼유라멘이나 미소라멘 등 국물과 라멘의 이름이 정해지는 경우가 많아요.
단일 육수 혹은 육수의 조합에 타레를 섞으면 만들어지는 것이 바로
국물입니다.
최종 결과물이죠. 여러분이 후루룩 마시고 면이나 토핑과 함께 맛보는 바로 그 국물이에요.
즉!
육수
+
타레
=
국물

그럼 가장 널리 알려진 4종류의 국물을 한번 알아볼까요?

시오
(소금)

닭 육수, 다시,
소금 타레로 만듭니다.

쇼유
(간장)

닭 육수, 돼지 육수, 다시,
간장 타레로 만듭니다.

미소
(일본식 발효 된장)

닭 육수, 돼지 육수, 다시,
발효 된장 타레로 만듭니다.

돈코츠
(돼지 뼈)

풍미 가득한 돈코츠
육수에는 어떤 타레도
잘 어울립니다.

시오, 쇼유, 미소 국물에
쓰이는 육수는 약한 불에서
몇 시간 뭉근하게 끓이지만

돈코츠 국물에 들어가는
육수는 훨씬 더 긴 시간 팔팔
끓여 뼈에 들어 있는 콜라겐과
지방, 단백질을 최대한
뽑아내는 것이 포인트입니다.

콧테리
진한 국물의 라멘

앗사리
콧테리보다 연한
국물의 라멘

이 책의 돼지 및 닭 육수
레시피를 따르면 육수뿐
아니라 지방도 생기는데,
이 지방을 버리지 마세요.

나오는 지방의 양은
육수를 낼 때 사용하는
뼈의 양에 따라 달라집니다.

라멘의 종류를
가리지 않고 소량의
지방을 첨가하면

맛과 향에 깊이를
더해주고, 면을 먹을 때
면에 코팅되기도 하며

국물 표면을 넓게 덮어
그 안의 재료를 뜨겁게
유지하는 역할을 해줍니다.

육수와 타레, 그리고
이 둘이 만나 만들어내는
국물의 단순함과 정교함을
이해하고 나면
여기에 수제 면과
각종 토핑을 더해 한층 더
풍미 가득한 라멘을
만들 수 있고
나아가 이런 클래식을
변주해 자신만의 취향에
맞는 레퍼토리까지
갖추게 될 거예요.

간단한 팁들

이 책의 레시피에서는
부피와 무게로 재료를
계량합니다.

특히 종류와
브랜드에 따라
밀도가 천차만별인
소금을 비롯해
몇몇 재료들은

무게로 계량하는 게
훨씬 정확하므로 레시피에
무게를 명시해 두겠습니다.

*1컵 = 240mL 기준입니다.

라멘은 풍미 위에 풍미를 겹겹이 쌓는 음식이에요.

전국의 수많은 라멘집에서는
빠르게 맛을 내기 위해 먼저 지방을 넣고
그다음 타레를 넣은 뒤 마지막으로
육수를 붓는 방법을 씁니다.

여기서는 이를 더 간단히 줄이는 방법을
소개합니다. 바로 육수를 데우면서 냄비에
지방과 타레를 섞는 것이죠. 이렇게 하면
한 그릇의 라멘이 완성되기 전에 먼저 맛을
보고 간을 조절할 수 있다는 장점이 있어요.

아이반 오르킨

섬세한 아름다움 vs. 강력한 풍미

돼지뼈와 말린 생선처럼 강한 향미를 지닌 재료와 천일염이나 다시마 등의 미묘한 재료 사이에서 균형을 잡아야 제대로 된 맛을 낼 수 있는 이런 라멘을 만들 땐 요리사의 실력이 그만큼 중요해요.
때로는 부족한 기술이나 좋지 않은 재료를 그저 묵직한 맛의 국물로 가리는 경우도 있죠. 언뜻 티가 안 날 수도 있거든요.
빠르게 혀를 자극하는 짠맛과 농후한 풍미로 인해 우리의 미각은 쉽게 마비되고 마니까요.
저나 휴와 달리 나트륨과 지방에 민감하지 않은, 운 좋은 사람들도 분명 있어요.
또 각자 입맛과 취향이 다르니 뭐라고 할 수도 없는 일이고요.
실은 저도 공장에서 생산하는 미국식 케첩을 좋아해요.
한번은 고향의 맛이 그리워서 일본에 있는 미국 식당에 간 적이 있어요.
버거와 감자튀김을 주문했는데, 알고 보니 셰프의 손길이 잔뜩 들어간 수제 케첩을 쓰더라고요. 제가 원했던 건 대량 생산한 케첩의 맛이었는데 말이죠.
그래서인지 심지어 양도 엄청 적었죠.
분명 실망스러운 경험이었지만, 덕분에 아무리 창의력이 담긴 결과물이라 해도 개인의 선호에 따라 만족하지 못할 수도 있다는 걸 깨닫게 됐어요.
그러니 뭘 먹을지 결정하는 건 휴의 자유지만,
컨디션이 좋아지면 이번엔 보다 가벼운 시오라멘도 한번 시도해 보세요.

닭 육수(와 지방)

육수 약 4L와 지방 1컵 분량

재료:

살을 발라내고 남은 닭뼈
(껍질 포함) 약 2.5kg
(생닭 2마리로 대체 가능)

닭발 500g(없으면 생략 가능)

대파 약 6대, 손질 후
반으로 자른 것

사과 2개, 부사나 갈라 등 단맛이
좋은 품종을 1/4로 자른 것

생강 250g, 껍질을 벗기지 않고
0.5cm 두께로 썬 것

마늘 1통, 껍질을 벗겨 으깬 것

소금 1큰술

충분한 크기의 냄비에 재료를
모두 담고 찬물 6L를 붓습니다.

중강불로 가열해 물이
끓어오르기 시작하면 약불로
줄여 뭉근히 끓입니다.

위로 떠오르는 거품을 걷어내며
4시간 동안 끓입니다.

이때, 한 시간에 한두 번 정도 뼈를
뒤집으며 저어줍니다.

4시간 정도 끓이면 양이 4L 정도로
줄어듭니다. 정상적인 과정입니다.

그럼 이제 불에서 내려
실온 정도로 식힙니다.

식은 육수를 체에 걸러
건더기는 모두 버리고
국물만 뚜껑을
단단히 덮어
냉장고에서
하룻밤
식힙니다.

다음 날, 차가워진 육수를 꺼내
표면에 굳은 지방을 걷어냅니다.

걷어낸 지방을
작은 냄비에 넣고
중불에서 녹입니다.

이렇게 만든 지방은
공기를 최대한 뺀 병에
담아 냉장하면 1주일

냉동고에서는 6개월까지
보관 가능합니다.

완성된 육수는 밀폐 용기에 넣어
냉장하면 1주일, 냉동고에서는
6개월까지 보관 가능합니다.

돼지 육수(와 지방)

육수 약 4L와 지방 1컵 분량

재료:

목뼈와 돼지족을 포함한 돼지뼈 약 2.5kg (앞다리 부위로 대체 가능)

닭발 500g(없으면 생략 가능)

대파 약 6대, 손질 후 반으로 자른 것

사과 2개, 부사나 갈라 등 단맛이 좋은 품종을 1/4로 자른 것

생강 250g, 껍질을 벗기지 않고 얇게 썬 것

마늘 1통, 껍질을 벗겨 으깬 것

소금 1큰술

충분한 크기의 냄비에 재료를 모두 담고 찬물 7L를 붓습니다.

중강불로 가열해 물이 끓어오르기 시작하면 약불로 줄여 뭉근히 끓입니다.

위로 떠오르는 거품을 걷어내며 6시간 동안 끓입니다.

이때, 한 시간에 한두 번 정도 뼈를 뒤집으며 저어줍니다.

6시간 정도 끓이면 양이 4L 정도로 줄어듭니다. 정상적인 과정입니다.

그럼 이제 불에서 내려 실온 정도로 식힙니다.

식은 육수를 체에 걸러 건더기는 모두 버리고 국물만 뚜껑을 단단히 덮어 냉장고에서 하룻밤 식힙니다.

다음 날, 차가워진 육수를 꺼내 표면에 굳은 지방을 걷어냅니다.

걷어낸 지방을 작은 냄비에 넣고 중불에서 녹입니다.

완성된 육수는 밀폐 용기에 넣어 냉장하면 1주일, 냉동고에서는 6개월까지 보관 가능합니다.

이렇게 만든 지방은 공기를 최대한 뺀 병에 담아 냉장하면 1주일

냉동고에서는 6개월까지 보관 가능합니다.

다시의 모든 것

다시는 다시마, 말린 표고버섯, 가쓰오부시 등으로 만든 육수를 가리킵니다 (각 재료에 대해서는 18쪽의 팬트리 항목을 참고해 주세요).

손수 다시를 만드는 게 번거롭다면 인스턴트 다시팩을 구비해두어도 좋습니다.

인스턴트 다시팩에는 MSG가 함유돼 있어, 재료를 일일이 준비할 필요 없이 라멘에 필요한 감칠맛을 간편하게 뽑아낼 수 있습니다.

다시는 각종 일본 요리에서 빼놓을 수 없는 요소로, 라멘 국물에 감칠맛과 깊은 훈연향을 더해줍니다.

좀 더 진한 바다향이 필요할 때는 가쓰오부시와 함께 건멸치 한 줌을 사용해도 좋습니다 (18쪽 팬트리 참고).

다시

약 2L 분량

재료:

통째로 말린 표고버섯 5컵(약 180g)

약 20x10cm 크기의 다시마 2장(약 30g)

가쓰오부시 1컵 (약 8g, p. 18)

건멸치 10마리(p. 18), 선호에 따라

충분한 크기의 냄비에 버섯을 담고 물 4L를 붓습니다.

강불로 가열해 물이 끓어오르기 시작하면 불을 조절해 거품이 오를 정도의 강한 불로 30분간 끓입니다.

불에서 내린 뒤 다시마와 가쓰오부시, 건멸치를 넣습니다.

그대로 10분간 우려낸 뒤 체에 거릅니다.

사용한 표고버섯은 물에 헹궈 표고버섯 절임(p. 111)에 쓰거나 버립니다.

완성된 다시는 밀폐 용기에 넣어 냉장하면 1주일, 냉동고에서는 6개월까지 보관 가능합니다.

시오 국물

1인분

재료:

닭 육수 180mL(3/4컵, p. 42)

다시 180mL(3/4컵, p. 45)

시오 타레 30mL
(2큰술, 레시피 아래 참고)

닭 지방 2작은술(p. 42)

모든 재료를 팬에
붓고 끓어오를
때까지 가열해
한 그릇의 라멘을
완성합니다
(p. 24).

시오 타레

약 10인분

재료:

천일염 30g

미림 120mL(1/2컵)

쌀식초 30mL(2큰술)

물 120mL(1/2컵)

소금의 종류는 무척 다양하고
저마다 조금씩 차이가 있습니다.
시오 타레를 만들 때도 다양한
소금의 조합을 맘껏
시도해 보세요.

각 소금마다 밀도와 모양,
크기가 각각 다르므로
소금은 무게로
계량하는 것을
권합니다.

작은 팬에 재료를
모두 넣고 중불에서
소금이 모두 녹을 때까지
섞습니다.

완성된 타레는 바로 사용하거나
밀폐 용기에 넣어 냉장실에서
1개월까지 보관 가능합니다.

쇼유 국물

1인분

재료:

닭 육수 120mL(1/2컵, p. 42)

돼지 육수 120mL(1/2컵, p. 43)

다시 120mL(1/2컵, p. 45)

쇼유 타레 60mL
(1/4컵, 레시피 아래 참고)

닭 지방 1작은술(p. 42)

돼지 지방 1작은술(p. 43)

쇼유 타레

약 10인분

재료:

간장 240mL(1컵)

노추 60mL
(약 3큰술, 일반 간장으로
대체 가능)

버섯 간장 60mL
(약 3큰술, 일반 간장으로
대체 가능)

미림 120mL(1/2컵)

쌀식초 60mL(1/4컵)

참기름 15mL(1큰술)

물 60mL(1/4컵)

이 책에서는 다양한
풍미 구현을 위해 세 가지 간장을 썼습니다.
노추는 맛의 깊이와 색을 더하고,
버섯 간장은 감칠맛을 한층
끌어올리는 역할을 하죠.

물론 각자의 기호와 팬트리 사정에
따라 얼마든지 조절해도 괜찮습니다.

미소 국물

1인분

재료:

닭 육수 120mL
(1/2컵, p. 42)

돼지 육수 120mL
(1/2컵, p. 43)

다시 120mL(1/2컵, p. 45)

미소 타레 60mL
(1/4컵, 레시피 아래 참고)

닭 지방 1작은술(p. 42)

돼지 지방 1작은술(p. 43)

모든 재료를 팬에 붓고 끓어오를 때까지 가열해 한 그릇의 라멘을 완성합니다 (p. 24).

미소 타레

약 10인분

재료:

아카미소 210g(2/3컵)

시로미소 105g(1/3컵)

미림 180mL(3/4컵)

쌀식초 90mL(6큰술)

참기름 45mL(3큰술)

이 책에서는 깊은 풍미를 지닌 아카미소와 단맛이 좋은 시로미소를 섞어 사용합니다.

물론 여러분의 기호에 따라 다양한 미소의 조합을 시도해 보세요.

작은 그릇에 재료를 모두 넣고 잘 섞이도록 젓습니다.

완성된 타레는 바로 사용하거나 밀폐 용기에 넣어 냉장실에서 2주까지 보관 가능합니다.

파이탄(백탕) 국물의 모든 것

라멘 국물에는 연한 국물인 앗사리와
진한 국물인 콧테리가 있어요.

기본 육수와 국물을 만들 때는
최대한 맑은 결과물을
내기 위해 낮은 화력으로
조심스럽게 조리했었죠.

하지만 파이탄 국물용
육수는 강한 화력으로
진하게 끓여야 해요.

강한 불로 끓여야 뼈에
함유된 젤라틴을 최대한 뽑아내고
(약간의 지방도 빼놓을 수 없죠) 이를
고스란히 진한 국물에 담아내야만

눈처럼 뽀얗고
농후한 육수를 만들 수
있거든요.

다른 육수와 마찬가지로 이렇게
진하게 유화된 육수 역시 타레를
첨가해 국물로 완성합니다.

어떤 타레를 넣어도 맛있지만, 육수를
내는 과정에서 파이탄만의 특징인 하얀색을
만들어내기 위해 열심히 고생한 걸 감안하면
역시 맑은 시오타레(p. 46)가
가장 잘 어울릴 거예요.

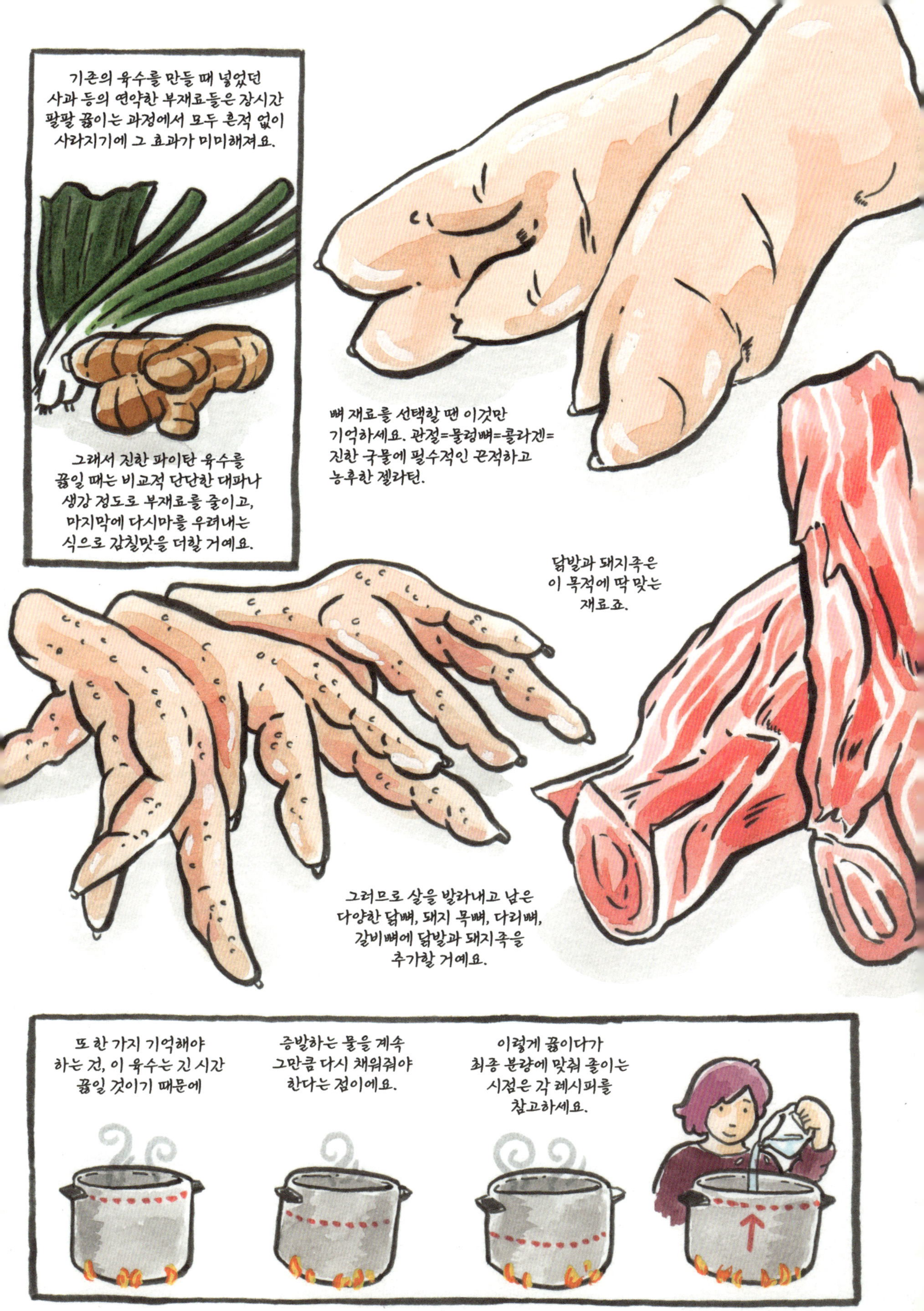

기존의 육수를 만들 때 넣었던 사과 등의 연약한 부재료들은 장시간 팔팔 끓이는 과정에서 모두 흔적 없이 사라지기에 그 효과가 미미해져요.
그래서 진한 파이탄 육수를 끓일 때는 비교적 단단한 대파나 생강 정도로 부재료를 줄이고, 마지막에 다시마를 우려내는 식으로 감칠맛을 더할 거예요.
뼈 재료를 선택할 땐 이것만 기억하세요. 관절=물렁뼈=콜라겐=진한 국물에 필수적인 끈적하고 농후한 젤라틴.
닭발과 돼지족은 이 목적에 딱 맞는 재료죠.
그러므로 살을 발라내고 남은 다양한 닭뼈, 돼지 목뼈, 다리뼈, 갈비뼈에 닭발과 돼지족을 추가할 거예요.
또 한 가지 기억해야 하는 건, 이 육수는 긴 시간 끓일 것이기 때문에
증발하는 물을 계속 그만큼 다시 채워줘야 한다는 점이에요.
이렇게 끓이다가 최종 분량에 맞춰 졸이는 시점은 각 레시피를 참고하세요.

돈코츠 국물

(돼지뼈 국물)

4L 분량

재료:

돼지족 2개(약 2.5kg)

닭뼈 1.5kg

돼지 목뼈 또는 갈비뼈 1.5kg

대파 약 12대, 손질 후
반으로 자른 것

생강 250g, 껍질을 벗기지
않고 0.5cm 두께로 썬 것

약 20x10cm 크기의
다시마 2장(약 30g)

원하는 종류의 타레

6시간 동안 팔팔
끓이면 충분히 맛있는
육수가 만들어집니다.

강불로 가열해 팔팔 끓이고,
떠오르는 거품은
잘 걷어줍니다.

하지만 그 이상
(16시간까지) 오래
끓이면 오래 끓일수록
더 많은 콜라겐과 지방을
뽑아낼 수 있으며, 육수가
진할수록 국물도 그만큼
진해진다는 걸
잊지 마세요.

시간이 되면 불에서
내린 뒤 다시마를 넣고 1시간 정도
식은 정도로 식힙니다

압력솥을 이용해
좀 더 간단하면서도
맛있게 만드는 방법도
있습니다(p. 168).

육수 360mL당 권장하는 타레의 양은 각각
다음과 같습니다.

타레	육수 360mL당 권장량
시오 (p. 46)	30mL(2큰술)
쇼유 (p. 47)	60mL(1/4컵)
미소 (p. 48)	60mL(1/4컵)

토리코츠 국물

(닭뼈 국물)

4L 분량

재료:

닭뼈 및 닭발 2.5kg 또는
살을 발라내고 남은
닭뼈 2마리

대파 약 12대,
손질 후 반으로 자른 것

생강 250g, 껍질을 벗기지
않고 0.5cm 두께로 썬 것

약 20x10cm 크기의
다시마 2장(약 30g)

원하는 종류의 타레

충분한 크기의 냄비에 다시마와
타레를 제외한 모든 재료를 담고
찬물 6L를 붓습니다.

물 높이를 잘 기억해둡니다.

강불로 가열해 팔팔 끓이고,
떠오르는 거품은 잘 걷어줍니다.

그대로 4시간
동안 끓입니다.
첫 3시간 동안은
한 시간에 한 번
원래 높이만큼
물을 보충해줍니다.

마지막 1시간 동안은 물을 보충하지 않고
자연스럽게 졸아들게 둡니다.

최종적으로 약 4L 정도의
육수가 만들어집니다.

시간이 되면
불에서 내린 뒤
다시마를 넣고
1시간 정도
식힙니다

다음 날, 차가워진 육수를 꺼내 표면에 굳은 지방을 걷어냅니다. 이 지방의 보관법은 42쪽을 참고하세요.

육수 360mL당 권장하는 타레의 양은 각각 다음과 같습니다.

타레	육수 360mL당 권장량
시오 (p. 46)	30mL(2큰술)
쇼유 (p. 47)	60mL(1/4컵)
미소 (p. 48)	60mL(1/4컵)

집에서 만드는 인스턴트 라멘 큐브의 모든 것

여러분의 시간과 공간을 대폭 절약할 수 있는 방법을 소개합니다. 완성된 육수를 강불로 졸여

이렇게 큐브 형태로 만들어 두면 언제든 간편하고 빠르게 라멘을 만들 수 있어요.

약간의 섬세함을 잃는 대가로 편리함을 얻는 것이죠.

이 레시피에서는 가로세로 각 2.5cm인 15구짜리 실리콘 트레이를 사용하며, 각 얼음의 용량은 약 30mL입니다.

여러분이 보유한 트레이의 규격이 다르다면 그에 맞춰 양을 조절하되, 약간의 차이가 있는 정도는 상관없으니 너무 깊이 고민하지 않아도 됩니다.

집에서 만드는 인스턴트 라멘 큐브

8인분

재료:

닭 육수(p. 42)
돼지 육수(p. 43)
다시(p. 45) 또는
인스턴트 다시(p. 44)
각 1L씩

또는:

간하지 않은 돈코츠 국물
(p. 52)이나 토리코츠
국물(p. 54) 3L

타레 - 셋 중 하나 선택:

시오타레 1컵(p. 46)
미소타레 2컵(p. 48)
쇼유타레 2컵(p. 47)

라멘 조리 시 닭 지방,
돼지 지방 또는 마늘기름
(p. 123)

중간 크기의 냄비에
육수와 다시를 넣고
중강불로 가열합니다.

끓어오르면 육수가 약 1L로
졸아들 때까지 약 30분 이상 계속 끓입니다
(원래 부피의 1/3 정도).

만약 육수가
너무 많이 졸아들었다면
걱정할 필요 없이 1L가
될 때까지 물을 추가하면
됩니다.

육수를 불에서 내리고
타레를 섞습니다.

이렇게 졸인
육수농축액을
얼음 트레이에
붓습니다.

트레이에 붓기 전에
내용물이 잘 섞이도록
충분히 저어주세요.

이대로 하룻밤 얼리면 끝.

시오 국물은 30mL(2큰술)짜리
얼음 큐브 40개, 미소와 쇼유 국물은 같은
크기의 얼음 48개가 나옵니다.

집에서 만드는
인스턴트 라멘 국물

바쁜 평일 저녁을 위한 라멘 국물 만들기

5-6인분

재료:

닭 육수 또는 닭 국물 950-1,000mL (약 4컵, p. 42)

마늘 2쪽, 껍질을 벗겨 강판에 갈거나 다진 것

생강 5cm가량, 껍질을 벗겨 강판에 갈거나 다진 것

대파 약 6대, 손질 후 5cm 길이로 자른 뒤 칼 옆면으로 내려친 것

다시(p. 45) 또는 인스턴트 다시(p. 44) 720mL(3컵)

간장 60mL(1/4컵)

쌀식초 1큰술

닭 지방(p. 42) 2큰술(없으면 생략 가능)

냄비에 재료를 모두 담고 강불에서 끓어오를 때까지 가열합니다.

불을 줄이고 가끔 저어가며 5분간 뭉근히 끓입니다.

불을 끄고 대파를 건져냅니다. 각자 기호에 맞게 간을 조절합니다.

향신 채소를 비롯한 기타 재료는 각자 기호에 따라 조절하세요. 시판 국물 제품의 경우 저나트륨 제품을 사용해 나중에 양념의 종류나 양을 조절해 간을 맞추는 방법을 추천합니다.

이 레시피로 5분이면 정말 맛있는, 그것도 기성품처럼 깔끔한 라멘 국물을 낼 수 있어요.

시판 국물을 구매할 땐 원료를 잘 살피고 나트륨 함량이 낮은 걸 고르면 좋아요.

이 육수를 끓어오를 때까지 가열해 한 그릇의 라멘을 완성합니다(p. 24). 남은 육수는 냉장하면 3일, 냉동고에서는 6개월까지 보관 가능합니다.

5-6인 레시피이지만, 재료를 곱해 필요한 만큼 만든 다음 냉동고에 보관해도 좋습니다.

야사이 국물

4L 분량

채소를 일본어로 야사이=野菜라고 합니다.

재료:

통째로 말린 표고버섯 5컵 (약 180g)

갈색 양송이버섯 약 500g, 썬 것

양파 1개, 크게 다진 것

당근 2개, 껍질을 벗겨 크게 다진 것

대파 약 6대, 손질 후 반으로 자른 것

사과 2개, 부사나 갈라 등 단맛이 좋은 품종을 1/4로 자른 것

생강 250g, 껍질을 벗기지 않고 0.5cm 두께로 썬 것

마늘 2쪽, 칼 옆면으로 으깬 것

약 20x10cm 크기의 다시마 2장(약 30g)

원하는 종류의 타레

기본 다시(p. 45)에 깊은 감칠맛을 더해주었던 표고버섯과 다시마에 각종 향신 채소와 좋아하는 타레가 더해져 육류나 생선 없이도 놀라울 정도로 다채로운 풍미를 냅니다.

깔끔하고 가벼운 국물의 라멘을 원한다면 최적의 선택이죠.

체에 거르고

사용한 표고버섯은 물에 헹궈
표고버섯 절임(p. 111)에 쓰거나 버립니다.

완성된 육수는 냉장하면 1주일,
냉동고에서는 3개월까지 보관
가능합니다.

이 육수를 끓어오를 때까지 가열해
한 그릇의 라멘을 완성합니다(p. 24).

육수 360mL당 권장하는
타레의 양은 각각
다음과 같습니다.

타레	육수 360mL당 권장량
시오 (p. 46)	30mL(2큰술)
쇼유 (p. 47)	60mL(1/4컵)
미소 (p. 48)	60mL(1/4컵)

교카이 국물의 모든 것

해산물을 뜻하는
교카이는 그 이름만으로도
바다의 다양한 맛과 향을
가득 품고 있을 것만
같지요.
교카이 = 魚介 =
해산물
교카이 국물은
여러분이 정성껏 만들어 놓은
육수에 깊은 바다의 풍미를
잔뜩 품은 건멸치와 가쓰오부시
(18쪽 팬트리 참고) 등 몇 가지
간단한 건어물을 추가함으로써
헤아릴 수 없는 감칠맛을
구현해낸답니다.
부정적인 쓴맛 없이
건어물의 정수만 뽑아내기
위해서는 강한 불로 조리하는
것보다 차분히 우려내는
편이 좋아요.
다만, 이 정도로
강한 감칠맛과 풍미가
맞지 않는 사람들도 분명
있을 거예요. 기본적인
육수보다 더욱 깊고 진한
맛을 찾는 분이라면
도전해보세요.
돈코츠나 토리코츠
국물을 기반으로 만든
교카이는 매운 츠케멘
(p. 135)에 특히
잘 어울리지만
타레와 함께하면
기본 라멘으로도
훌륭해요. 저는 쇼유를
추천합니다!

교카이 국물
(해산물 국물)

1L 분량

재료:

돈코츠나 토리코츠, 또는 야사이 국물 1리터

또는 닭 육수나 돼지 육수 1리터(p. 42, 43)

약 20x10cm 크기의 다시마 1장

건멸치 1/2컵 (18쪽 팬트리 참고)

가쓰오부시 1/2컵 (18쪽 팬트리 참고)

원하는 종류의 타레

중간 크기의 냄비에 육수 또는 국물을 붓고 물이 끓어오를 때까지 중강불로 가열합니다.

불에서 내린 뒤 다시마, 건멸치, 가쓰오부시를 넣습니다.

그대로 1시간 동안 우려냅니다.

체에 거른 뒤 고형물을 버립니다.

완성된 육수는 냉장하면 3일, 냉동고에서는 3개월까지 보관 가능합니다.

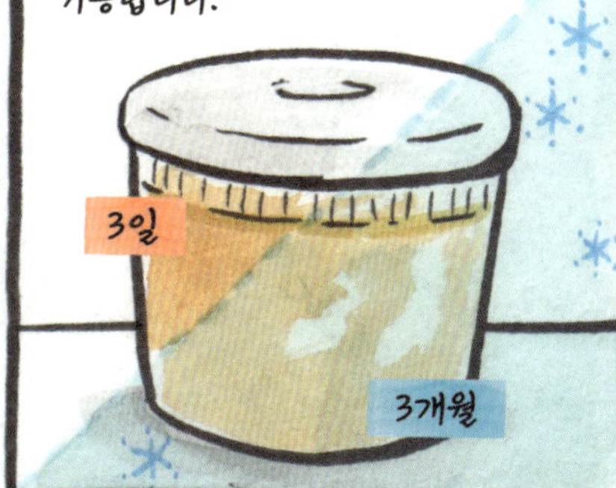

돈코츠 또는 토리코츠로 만든 국물은 135쪽을 참고해 매운 츠케멘 국물로 사용할 수 있습니다.

24쪽을 참고해 한 그릇의 라멘을 완성합니다. 국물을 끓어오를 때까지 가열하고 360mL당 다음의 표를 참고해 원하는 타레를 더합니다.

타레	육수 360mL당 권장량
시오 (p. 46)	30mL(2큰술)
쇼유 (p. 47)	60mL(1/4컵)
미소 (p. 48)	60mL(1/4컵)

면

면의 기본

선누들과 라멘랩의 켄시로 우키와 함께

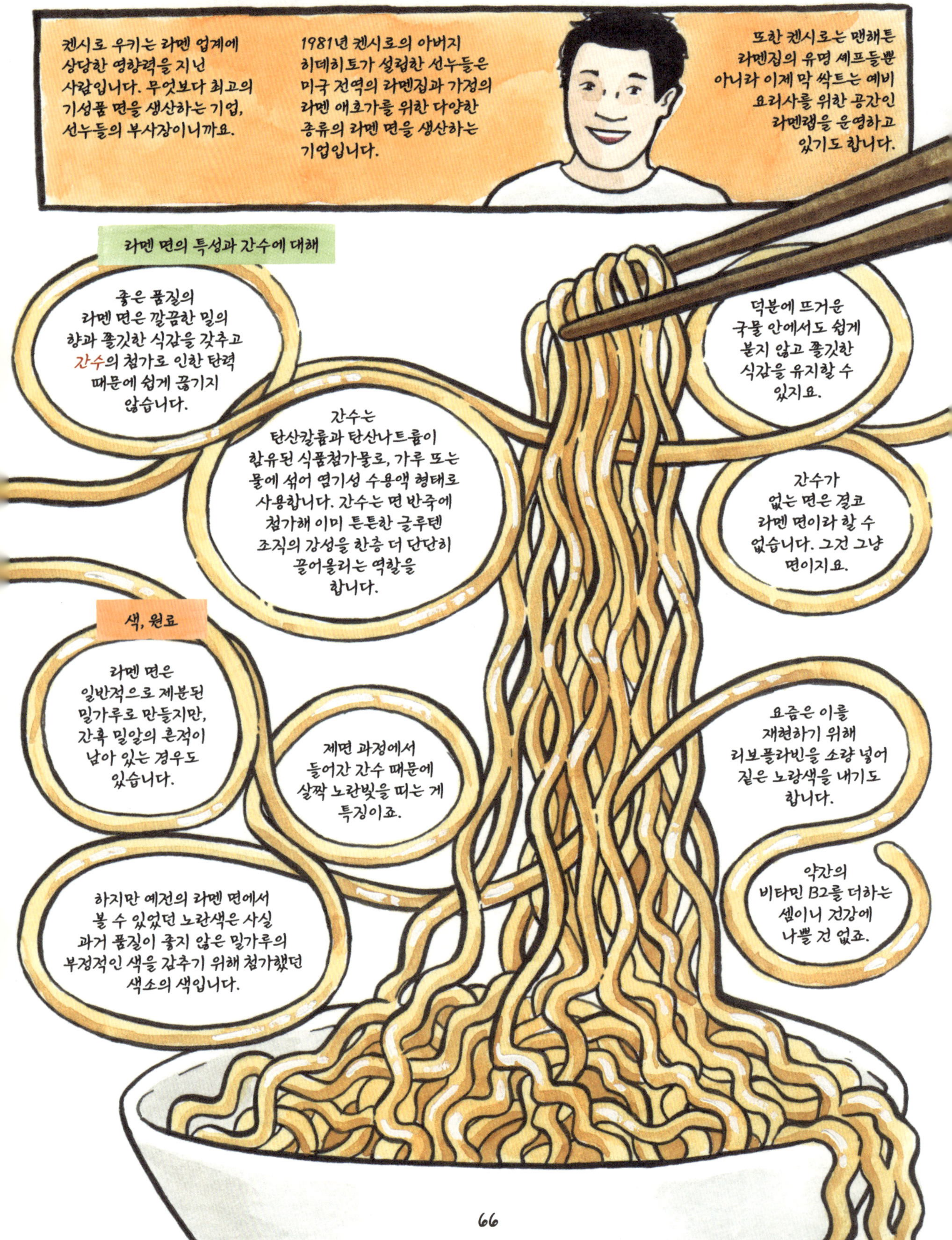

어떤 국물에 어떤 면을 써야 할까요?
시오나 쇼유 같은 연한 국물에는 가는 면을
미소 같은 진한 국물에는 굵은 면을 추천합니다.
면과 국물 중 어느 한쪽이 도드라지는 것보다는 균형이 중요합니다.
물론 츠케멘처럼 면이 주인공인 메뉴라면 굵고 쫄깃한 면이 좋습니다.
하지만 무엇보다 중요한 건 여러분의 취향이랍니다. 사실 어떤 면을 선택해도 맛있으니까요.
Sun
카에다마 오네가이시마스!
하나의 예외가 있다면 돈코츠 라멘입니다.
일본 남부 후쿠오카현 하카타의 야타이(포장마차)에서 유래한 돈코츠 라멘은 손님이 많은 시간 회전율을 높이기 위해 전통적으로 가는 면을 사용해 왔습니다.
그래서 뜨거운 국물 안에서 빠르게 붇기에 면의 양이 적은 편입니다.
ラーメン
그런 이유로 양이 부족한 사람들은 이렇게 외치죠. "카에다마 오네가이시마스!" (면 사리 추가요!) 오늘날에도 많은 라멘집에서 이 전통을 찾아볼 수 있습니다.
중요한 건 기호!
훌륭한 한 그릇의 라멘이라면 면과 국물이 균형을 이룰 거예요.
그러니 면의 모양이나 굵기로 너무 고민하지 마세요.
잘 만든 간수 면과 잘 만든 국물이 함께라면 다른 건 자연스럽게 따라올 테니까요!
Sun

라멘 면의 모든 것

켄시로의 말처럼,
훌륭한 한 그릇의 라멘을
위해서는 국물만큼이나
면도 중요해요. 아무
면이나 사용할 수는
없답니다.

마트의
아시아 식재료 코너 쪽
냉장고나 냉동고를
보면 여러 종류의
라멘용 생면을
확인할 수 있습니다.
건면도 있고요.

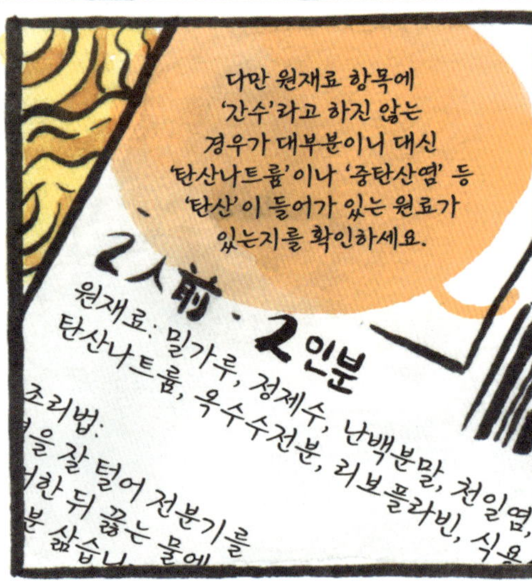

선누들에서
만든 면도 추천합니다.
품질도 좋고 가격도 저렴하며
구하기도 쉬워서 제가 좋아하는
브랜드입니다.*
*국내에서는 시판 제품이 아닙니다.
sun
太
NO 18
NOODLE THICKNESS
NO 18
NO 22
급한데 생면이나 건면을 파는 곳이
없다면 인스턴트 라멘 면을 쓸 수도
있을 거예요. 동봉된 스프는 넣지 말고
면만 쓰세요. 그래도 가급적
이럴 일이 없길 바랄게요!
여기까지
읽은 분이라면 집에서
직접 면을 뽑아보고
싶다는 생각이 들겠죠?
좋아요!
과정은
간단하지만
익숙해지려면
연습이 좀 필요할
거예요.
초반의 반죽은
꽤 거칠고 투박하지만,
원래 이런 거니까 걱정
말고 따라오세요.
면 뽑기는 사실 여러 번
도전해봐야 한답니다.
하지만 일단
기본적인 부분을 이해하고
나면 나중엔 재료와 면
굵기 등에 변화를 주며
다양한 시도를 해볼 수도
있을 거예요.

이 책의 제면 항목은 수많은 라멘 전문가들의 지식이 모여 탄생했답니다.
10년 전, 저희는 데이비드 장 셰프가 쓴 모모후쿠 요리책에 나온 레시피를 기반으로 면을 만들었어요.
아이반 오르킨(p. 40)의 요리책에서는 정제 밀가루를 넘어선 재료의 세계를 배웠죠.
최근에는 라멘군주(Ramen_lord) 마이크 새터노버(p. 170)의 끊임없는 연구를 통해 밀가루의 가수율이 면에 끼치는 영향도 배울 수 있었어요.
심지어 후지산 기슭에서 요리하는 아키야마 씨에게는 소바 만드는 법을 배웠죠. 아키야마 씨에게서는 믹서 없이 손으로 밀가루를 치대 촉촉한 반죽을 완성하는 기술을 배웠어요.
모두 감사한 분들입니다. 이들에게서 받은 영감이 여러분에게까지 잘 전달되기를 바랍니다.

계량에 대해:
이 책의 제면 레시피에서는 재료의 중량과 부피를 함께 알려드릴 텐데, 가능하다면 꼭 중량으로 재료를 계량하시는 걸 권해드립니다.
오른쪽 그림과 같은 전기 저울을 구비해두면 여러모로 쓸 데가 많답니다.
이 책에서는 기본적으로 무표백 강력분을 사용하며, 질감과 시각적 특성을 위해 약간의 통밀을 더할 거예요. 글루텐은 밀에 함유된 일종의 단백질로, 수분을 더해 열심히 반죽하면 단단하면서도 탄력 있는 면 반죽을 만들 수 있습니다.
다만 통밀을 너무 많이 넣으면 글루텐이 잘 뭉쳐지지 않을 수도 있답니다.
필수는 아니지만 리보플라빈(비타민 B2 형태로 판매되는 경우가 많아요)을 조금 넣어 보세요. 가루 형태를 구입하거나 아니면 알약을 밀대로 밀면 가루로 만들 수 있는데, 물들기 쉬우니 비닐봉투에 넣고 분쇄하기를 권합니다.
이를 한 꼬집 물에 넣고 반죽하면 옛날 라멘의 노란색을 재현할 수 있어요.
간수도 잊지 마시고요. 근데 구하기가 좀 어려울 수 있으니
집에서 직접 만들 수 있는 간단한 레시피도 알려드릴게요 (p. 85).

라멘 마니아라면 면 종류에 따른 가수율에 대해서도 밤새 토론을 벌일 수 있을 거예요. 가수율은 면 반죽을 만들 때 밀가루에 더해지는 물의 비율을 말합니다.
다만 이 책에서 뽑는 면은 가장 기본적인 40%의 가수율 레시피로 진행하려 해요. 40%면 밀가루 100g에 물 40mL죠.
이탈리아 파스타 제면에 익숙한 분들은 다소 놀랄 수 있지만, 일본 라멘 반죽은 굉장히 건조한 편입니다.
그래서 특히 초반에는 반죽이 매우 되고 포슬포슬한 편이죠.
처음엔 이게 맞나 싶을 정도로 이상하다는 생각이 들지만
일단 모양이 잡히기 시작하면 느낌이 올 거예요.
반죽을 밀 때 밀대와 바닥에 붙는 걸 방지하기 위해 옥수수전분의 사용을 권해요. 전분은 다 만든 면을 보관할 때도 서로 붙는 걸 막아줍니다.
전분은 밀가루와 달리 반죽에 잘 섞여 들어가지 않고, 면을 삶으면 거의 떨어져 나가 면이 미끈거리지도 않는답니다.
면을 삶기 전 겉에 묻은 전분은 최대한 털어주세요.

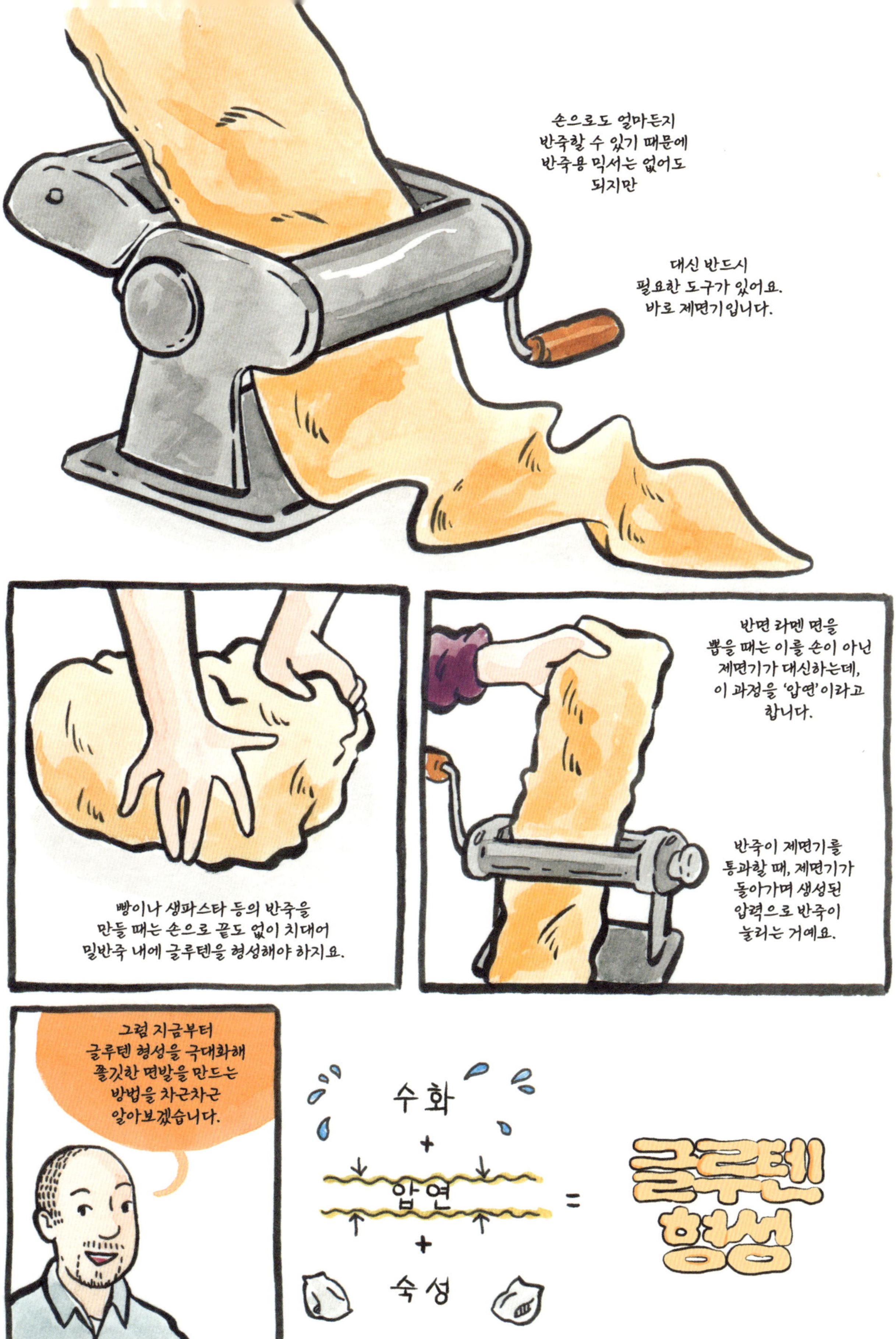
손으로도 얼마든지
반죽할 수 있기 때문에
반죽용 믹서는 없어도
되지만
대신 반드시
필요한 도구가 있어요.
바로 제면기입니다.
빵이나 생파스타 등의 반죽을
만들 때는 손으로 끝도 없이 치대어
밀반죽 내에 글루텐을 형성해야 하지요.
반면 라멘 면을
뽑을 때는 이를 손이 아닌
제면기가 대신하는데,
이 과정을 '압연'이라고
합니다.
반죽이 제면기를
통과할 때, 제면기가
돌아가며 생성된
압력으로 반죽이
눌리는 거예요.
그럼 지금부터
글루텐 형성을 극대화해
쫄깃한 면발을 만드는
방법을 차근차근
알아보겠습니다.
수화
+
압연
+
숙성
=
글루텐
형성

수화
아키야마 씨에게 배운 바에 의하면, 손으로 반죽을 하면 밀가루가 물과 만나는 속도가 느리기에 수화가 서서히 진행됩니다.
처음에는 포슬포슬했던 작은 덩어리들이 시간이 흐르며 점점 하나로 뭉쳐가는 걸 알 수 있지요.
이 과정이 점진적으로 그리고 균일하게 이뤄집니다.
여러분이 믿을지 모르겠지만, 이 과정을 통해 우리는 면 반죽에 기를 불어넣는 거예요.
어느 정도 반죽이 완성되면 비닐이나 랩으로 덮어 마르는 걸 방지하고
이후 약 30분간 밀가루가 스스로 수분을 흡수하는 과정이 이어질 수 있게 기다립니다.

압연
이제 반죽을 압연할 차례입니다.
먼저 손으로 반죽을 잘 뭉칩니다.
그다음, 작업하기 적당한 크기로 나누어 체중을 실어 누르거나
밀대를 이용해 눌러 줍니다.
압연 과정의 마지막 단계에 이르면 드디어 제면기가 등장합니다.
제면기 없이 반죽을 밀어 면을 만드는 건 정말 힘들어요.
혹시라도 전기 제면기나 믹서에 딸린 제면기가 있다면 일이 훨씬 수월해질 거예요.
그래도 이런 기계에 반죽을 넣기 전에 먼저 최대한 납작하게 만들어주면 좋습니다.
모터가 녹초가 되지 않게 말이죠. 기계식을 쓴다면 여러분 팔도 지켜줘야 하고요.
처음 제면기를 통과할 때는 반죽이 찢어지고 부스러지고 난리도 아닐 거예요. 걱정 마세요. 전혀 문제없으니까요.
반죽이 제면기를 한 번씩 통과할 때마다 글루텐도 그만큼 강해지고 반죽도 점차 더 부드러워진답니다.

숙성
압연 후 면을 자르기 전,
잠깐 동안 숙성이 필요합니다.
그래야 반죽을 밀대로 밀어
넓게 펴기 수월하거든요.
숙성이 끝나면 이제
칼로 면을 자르는데,
이 면은 곧바로 요리에
써도 됩니다.
하지만 가급적
냉장고에서 24시간 정도
숙성하는 걸 권합니다.
그 시간 동안 반죽이 완전히
수화하고 글루텐이 최대치로
형성되어 면의 상태가
최고조에 오를 거예요.

몇 가지 참고 사항:
기본적으로 다목적으로 쓸 수 있는 면을 만듭니다.
라멘 레시피에 따라 반죽을 밀 때 두께를 맞추고, 면의 너비 역시 원하는 대로 잘라 다양한 면을 만들 수 있습니다. 물론 그에 맞게 조리 시간도 조절해야 합니다.
6L 이상의 큰 냄비에 소금은 넣지 않고 충분한 양의 물을 끓입니다. 물이 팔팔 끓을 때 면을 넣습니다.
물의 양이 적으면 면에서 나온 전분으로 인해 물은 탁해지고 면의 표면은 미끌미끌해지며, 자칫 물이 넘쳐서 닦기 힘들게 굳기도 해요.
다시 말씀드리지만 물에 소금은 넣지 않습니다. 면에 이미 충분한 양의 소금이 들어 있어서 자칫 너무 짠 라멘이 되기 쉽거든요.
삶은 면의 물기를 충분히 뺍니다. 그물망 형태의 면 건지기가 있으면 1인분씩 소분해 조리하기에도 편합니다(p. 21, 조리 기구 참고).
차분하게 면 건지기를 높이 들어올린 뒤
아래로 툭 내리면 면에 남은 물을 최대한 털어낼 수 있습니다.

국물에 따라 여러 질감과
두께의 면을 시도해보세요.
많이 만들고 남은 면은 냉동해두고
나중에 먹으면 됩니다.

이렇게 여러분의 손으로 직접 면을
뽑아 만드는 라멘이야말로 진정한
수제 라멘이라 할 수 있을 거예요.

집에서 만드는 수제 라멘 면

재료:

물 200mL(1컵에서 2큰술 정도 뺀 분량)

구운 베이킹소다 5g (약 1작은술, p. 85)

소금 5g(약 1작은술)

리보플라빈 1꼬집 (없어도 무관)

통밀가루 25g (3큰술+1작은술)

강력분(제빵용 밀가루) 475g(3과 1/2컵)

겉에 묻힐 용도의 옥수수전분

150g 기준 5인분

먼저 간수를 만듭니다.
작은 그릇에 분량의 물을 붓고

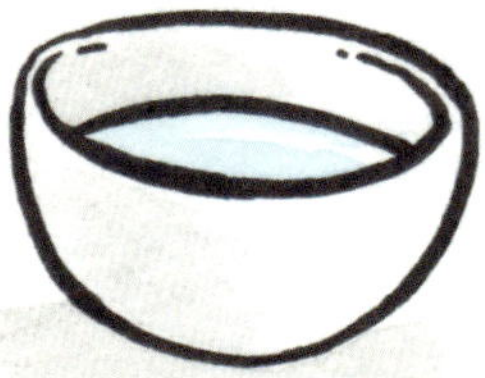

구운 베이킹소다,
소금, 리보플라빈을 넣고
잘 저어 녹입니다.

충분한 크기의
믹싱볼에 밀가루
두 종류를 붓고 손으로
잘 섞습니다.

천천히 간수를 붓는 동시에
손가락 끝으로 원을
그리며 밀가루와
잘 섞습니다.

물을 다 부었다면
이제 양손으로 원을
그리며 1분 정도 반죽을
계속합니다. 이때 양손을
반대 방향으로 원을
그리면서 반죽하면
좋습니다.

중간중간
손에 묻은
밀가루 덩어리를
떼어 반죽에
더합니다.

생각보다 포슬포슬한
부스러기처럼 보입니다.

이는 정상입니다.

비닐로 반죽을 잘 덮어
30분간 숙성합니다.

이렇게 숙성한 반죽을 넓은
작업대로 가져와 한 덩어리로 잘 뭉칩니다.
안 보이는 데서 딴짓 하는 부스러기가
없게 잘 모아주세요.
이를 비슷한 크기의
네 덩이로 나눈 뒤 비닐로 덮어둡니다.
이제 제면기와 자를 도구를 준비합니다.
반죽 덩어리 하나를
가져다 손이나 밀대를 이용해
최대한 얇게 누릅니다. 나머지
덩어리는 덮어둡니다.
제면기 두께를 가장 두껍게
세팅한 다음 반죽을 넣고
핸들을 돌립니다.
이게 맞나 싶게
찢어지고 하겠지만,
걱정하지 마세요.
제면기 두께를
한 단계 얇게 맞추고 반죽을
다시 한 번 돌립니다.
한 번 더 두께를 얇게
조절한 뒤 다시 반죽을
통과시킵니다.
반죽을 약 1/3 정도로 접어
대충 제면기 롤러 너비로 만듭니다.
좌우 양쪽은 일직선이 됩니다.

손이나 밀대를 이용해
반죽을 최대한 얇게 누릅니다.
이번에는
아까와 달리 반죽 방향을
90도 돌려, 접힘이 보이는
쪽이 앞장서게 합니다.
제면기를 다시
가장 두껍게 세팅합니다.
(중요!)
좀 전에 한 것처럼
세팅을 줄여가며 반죽을
제면기에 세 차례 돌립니다.
반죽이 점점 부드러워지며
멀쩡한 외형을 갖추기
시작할 거예요.
반죽을 접고 제면기를
두껍게 세팅해서 세 차례
돌리는 과정을 한 번 더
반복합니다.
이렇게 제면기에
돌린 반죽은 다른 반죽을
작업하는 동안 비닐로
덮어두고 계속 숙성합니다.

남은 세 덩이의 반죽도
똑같이 반복합니다.
제면기에 돌리지 않는
반죽은 잊지 말고
덮어두세요.
제면기 세팅을 원래대로
조정하고 첫 번째 반죽 덩어리를
다시 돌립니다. 두께 세팅을 한 번에
한 칸씩 바꾸면서 원하는 두께까지
반복합니다.
예를 들어 세팅이
9번까지 있는 제면기라면
저희는 두꺼운 면을
4 또는 5번
중간 면을
6번에 맞추고
1 2 3 4 5 6 7 8 9
가는 면은 그 이상으로
돌립니다.
이렇게 나온 반죽을
약 30cm 너비로 자릅니다.
팁: 반죽 압연 마지막 과정에서
롤러를 통과하고 남은 반죽이
약 7-8cm 정도 되면
잠시 멈춥니다.
반죽의 양 끝을 겹친 다음
꾹 눌러서 고리를 만듭니다.
그 상태로 겹친 부분이
두 번 지나갈 때까지 손잡이를
돌리며 반죽을 압연합니다.
이제 과도 등 작은 칼로
반죽을 자른 다음 제면기에서
반죽을 빼내면
양 끝을 일직선으로
마무리할 수 있습니다.

압연이 끝난
반죽을 제면기의
가는 커터에 넣고
면을 뽑거나
원하는 너비에 맞춰
칼로 자릅니다.
추가 팁!
꼬불꼬불한 면을 만들고 싶다면,
자른 면을 두 손으로
꼭 누른 다음
톡톡 털어보세요.
원하는 만큼 꼬불꼬불할 때까지
이 과정을 반복하면 됩니다.
이렇게 뽑은 면을
잘 두고 남은 반죽도
한 덩어리씩 똑같이
반복합니다.
면을 1인분에 약 150g씩
소분합니다(취향에 따라
양은 가감하세요).
뽑자마자 조리해도 좋지만,
24시간 숙성하면 완전히
수화할 수 있어서 더욱더 맛있는
면을 즐길 수 있습니다.
숙성할 때는 베이킹 팬 등에
올려놓고 옥수수전분을
살짝 뿌린 뒤

비닐로 가급적 빈틈이 없게
잘 덮어 두거나
지퍼백에 1인분씩 넣고
냉장고에 보관합니다.
라멘을 조리할 때는
면을 삶기 전에 다른
모든 재료를 미리
준비해 두고
맨 마지막으로 면을 삶습니다.
소금을 넣지 않은 물을 팔팔 끓인 뒤
2분간 면을 삶아 한 그릇의 라멘을
완성합니다(p. 24).
이렇게 뽑은 면은 5일 내
섭취하거나 밀폐된 지퍼백에
넣어 냉동고에서 1개월까지
보관 가능합니다.
1개월
냉동해둔 면을
사용할 땐 해동하지 말고
냉동된 채로 바로 끓는 물에
넣으세요. 삶는 시간은
동일합니다.

구운 베이킹소다 (간수)

1/2컵 분량

재료:

베이킹소다 1/2컵

시중에 판매되는 라멘 면의 제조 과정에 들어가는 탄산칼륨과 탄산나트륨 성분은 일반 소비자가 구하기 쉽지 않습니다.

하지만 저명한 요리 과학자이자 저술가인 해럴드 맥기가 베이킹소다를 구우면 간수 대용으로 사용할 수 있을 만큼 염기(알칼리)를 높일 수 있다는 사실을 발견하면서 소비자들도 베이킹소다로 간단히 간수를 대신할 수 있게 되었습니다.

오븐을 135도로 예열합니다.

베이킹 팬에 1/2컵의 베이킹소다를 잘 펼친 뒤

1시간 동안 굽습니다.

이렇게 구운 베이킹소다는 식혀서 사용하고, 밀폐 용기에 보관하면 실온에서도 장기간 보관 가능합니다.

구운 베이킹소다의 높은 염기가 피부에 다소 자극적일 수 있으니

피부가 예민하다면 구운 베이킹소다를 다룰 때 기구를 쓰거나 장갑을 끼고 만지기를 권합니다.

육류

차슈의 모든 것

차슈는 중국의 고기 조리법인
차시우에서 유래한 일본 요리로

세월이 흐르며 일본만의 스타일이
덧입혀져 그 조리 방법이나
최종 결과물이 독특하게
발전했습니다.

풍부한 즙과 특유의 맛을 지닌
중국의 차시우는 달짝지근하고
매콤한 양념에 재운 돼지고기를
꼬치 또는 갈고리에 꿰어
화덕이나 그릴에 굽는
방식으로 만듭니다.

차 = 叉 꼬치, 포크
시우 = 燒 굽다

현대 일본에서 차슈라고 하면 일반적으로
단맛을 더한 간장 양념에 돼지고기를
푹 익혀 졸인 뒤 얇게 썰어 라멘 위에
올리는 토핑을 의미합니다.

한 그릇의 라멘에 깊은 맛을
더해주는 차슈는 농후한 지방 맛이 담긴
삼겹살을 써도 좋고, 지방 비율이 다소 낮은
앞다리 살을 써도 좋습니다. 단단한 모양을 원한다면
고기를 끈으로 묶어도 되고, 그렇지 않으면 묶지 않고
조리합니다. 썰지 않은 통삼겹이나 앞다리 살은
정육점에서 쉽게 구할 수 있습니다.

차슈

라멘 8-10그릇 분량

재료:

돼지 육수와 지방(p. 43)에서 만든 돼지 지방 또는 카놀라유 2큰술

껍질을 제거한 뼈 없는 돼지고기 앞다리 살 또는 삼겹살 1.5kg (약 20x30cm 크기)

마늘 6쪽, 껍질을 벗겨 으깬 것

5cm가량의 생강 2쪽, 껍질을 벗기지 않고 0.5cm 두께로 썬 것

매운 건고추 1개

대파 약 6대, 손질 후 반으로 자른 것

미림 1컵

쌀식초 1/4컵

간장 3/4컵

황설탕 1/4컵

청주 1컵

앞다리 살은 덩어리째 차슈를 만듭니다.

삼겹살의 경우 그림처럼 끈으로 묶어 원통 모양을 만들 수도 있고

이렇게 네모나게 만들 수도 있습니다. 일본어로는 가쿠니(네모난 고기)라 부릅니다.

고기를 끈으로 묶으려면 먼저 지방이 아래로 가게 고기를 놓습니다. 좁은 쪽을 가깝게, 넓은 쪽을 멀게 놓습니다.

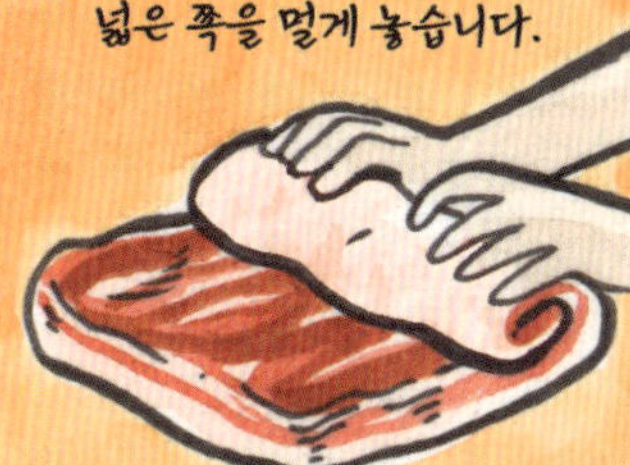

손으로 최대한 꽉꽉 누르며 원통형으로 말고

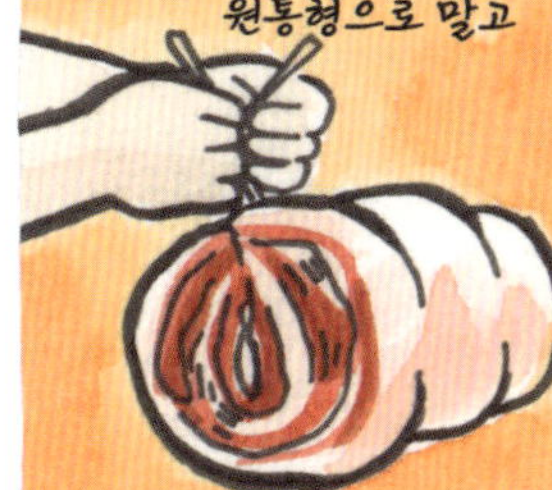

2-3cm 간격마다 요리용 끈으로 묶습니다. 최대한 단단하게 묶는 게 포인트입니다.

고기가 충분히 잠길 만한 크기에 튼튼한 뚜껑이 달린 냄비를 골라 중강불로 가열합니다.

바닥이 달아오르면 지방을 넣습니다.

지방이 녹으면 고기를 넣고 양면 또는 모든 면을 황갈색이 되도록 한 면에 3-4분씩 굽습니다.

잘 구워진 고기를 일단 빼놓습니다.

삼겹살을 쓴다면 굽는 과정에서 과도하게 나온 지방을 몇 큰술 정도만 남기고 따라냅니다.

팬에 마늘, 생강, 고추, 대파를 넣고
향이 우러나도록 1분 정도 저어줍니다.
조심스럽게
나머지 재료를
모두 넣고 설탕이
녹을 때까지 잘
저어줍니다.
구워둔 고기를 다시 넣고
재료들 사이에 잘 자리
잡아줍니다.
화력을 올려 내용물이
끓어오를 때까지 가열한 뒤
불을 줄이고 뚜껑을 닫은 채
뭉근히 끓입니다.
30분마다 고기를 뒤집고
양념을 끼얹으며
조리합니다.
젓가락이 푹 들어갈 정도가 되면
다 익은 것입니다.
온도계를 쓴다면
중앙부가 80도가
되면 완성입니다.
앞다리 살 덩어리는
1시간 반에서 2시간
끈으로 묶은 삼겹살은
2시간에서 2시간 반
묶지 않은 삼겹살은
1시간 정도 소요됩니다.
졸이는 과정에서 양념이
너무 많이 증발하여
재료가 타지 않게
약간의 물을
첨가해 주세요.

이렇게 조리한
고기는 그냥 먹어도
정말 맛있습니다.
하지만 양념에
담긴 그대로 냄비째
실온으로 식힌 뒤
냉장고에 하룻밤
두면 훨씬 풍미가
좋아지고 자르기에도
편해집니다.
통째로 보관해두고
필요할 때마다 약
0.5cm 두께로 썰어서
(묶지 않은 삼겹살은
같은 두께에 가로세로
4cm 정도로)
달군 팬에 굽거나 토치로
지져서 사용하면 됩니다.
남은 차슈는 썰어서
랩으로 단단히 감싸
냉장하면 4일,
냉동고에서는
3개월까지 보관
가능합니다.
맛있는 조림장을
버리지 마세요!
조림장을 체에 걸러
냉장하면 2주간
보관할 수 있으니
다시 차슈 조림에 쓰거나
아지타마고(p. 104),
츠케멘 국물(p. 135)
등에 사용하세요.

풀드 포크

라멘 6그릇 분량

재료:

소금 1큰술

설탕 1큰술

생강 5cm가량, 껍질을 벗겨 강판에 갈거나 다진 것

마늘 2쪽, 껍질을 벗겨 강판에 갈거나 다진 것

뼈 없는 돼지고기 앞다리 살 약 1kg

간장 1/4컵

청주 1/2컵

물 1컵

미소(원하는 종류로) 또는 고추장 2큰술 (16쪽 팬트리 참고)

대파 약 6대, 손질 후 5cm 길이로 자른 것

그릇에 소금, 설탕, 생강, 마늘을 넣고 잘 섞은 뒤

이를 고기에 전체적으로 문지른 다음

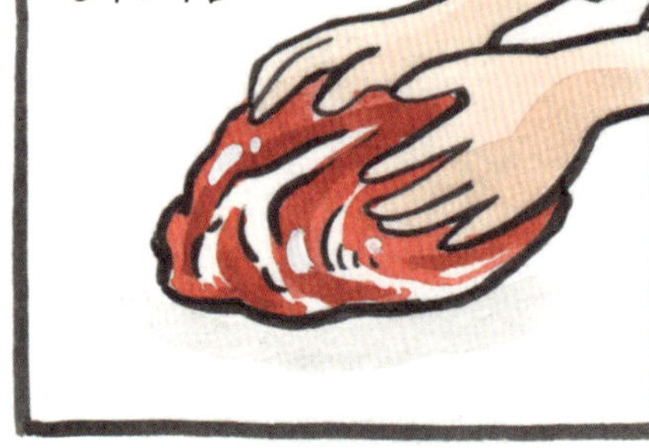

잘 덮어 냉장고에서 4시간 이상 재웁니다.

오븐을 190도로 예열합니다.

작은 그릇에 간장과 청주, 물, 미소 또는 고추장을 넣고 섞은 뒤

이를 고기가 잘 들어갈 정도 크기의 그라탕기나 찜냄비에 붓고

맨 밑에 대파를 깐 뒤 돼지고기, 고기를 재우고 남은 양념, 즙 등을 넣고 뚜껑을 잘 닫습니다.

오븐에서 30분마다 고기를 뒤집고 양념을 끼얹으며 조리합니다.

약 2시간에서 2시간 반 뒤 젓가락이 푹 들어갈 정도가 되면 다 익은 것입니다. 온도계를 쓴다면 중앙부가 90도가 되면 익은 것입니다.

냄비를 오븐에서 꺼내 돼지고기를 만질 수 있을 때까지 뚜껑을 연 채로 식힙니다.
고기를 꺼낸 뒤 손이나 포크로 찢고
남은 양념을 체에 걸러 건더기는 버립니다.
찢은 고기를 양념장에 넣어 적신 뒤
라멘에 올리면 완성입니다. 1인분에 90g 정도 사용합니다.
냉장고에 넣으면 3일까지 보관 가능합니다.
3일
데울 때는 고기 1인분을 양념장 1/4컵 정도와 함께 작은 팬에 넣고 중강불로 가열합니다.
장기간 보관하려면 1인분씩 소분해 양념장 1/4컵과 함께 지퍼백에 넣기를 권합니다. 이렇게 하면 냉동고에서 2개월까지 보관 가능합니다. 남은 양념장은 다음에 사용하세요.
2개월
데울 때는 지퍼백 안의 내용물을 팬에 전부 담고 가열하면 됩니다.

풀드 치킨

라멘 6그릇 분량

재료:

미소 2큰술

청주 1/2컵

간장 2큰술

다시(p. 45) 또는
닭 육수(p. 42) 또는
돼지 육수(p. 43) 1컵, 또는
물 1컵

닭 다리 8개, 가급적
뼈와 껍질이 있는 것으로

소금

닭 지방 2큰술(p. 42) 또는
카놀라유

생강 10cm가량, 껍질을
벗기지 않고 얇게 썬 것

마늘 3쪽, 칼 옆면으로
으깬 것

대파 3대, 손질 후
5cm 길이로 자른 것

미소, 청주, 간장,
다시 또는 육수를
잘 저어 섞은 뒤
잠시 치워둡니다.

충분한 크기의 찜냄비 또는
뚜껑이 있는 팬을 중강불로
가열하고 지방을 넣습니다.

닭 다리를 껍질을 아래로 해서
팬에 올립니다.

팬에 생강, 마늘, 대파를
넣고 향이 우러나도록
1분 정도 젓습니다.

섞어 둔
다시 국물을
붓고

뚜껑을 단단히 덮고
불을 줄여 뭉근히
끓입니다.

닭고기가 쉽게 찢어질 때까지
약 20-25분간 조리합니다
(뼈 없는 다리 살이라면 약 15분).
불에서 내린 뒤
고기를 손으로 만질 수
있을 때까지 뚜껑을
연 채로 식힙니다.
껍질은 벗겨서
닭 껍질 구이(p. 117)에
쓰거나 버립니다.
닭고기를
한 입 크기로
찢습니다. 살과
뼈 사이의 물렁뼈는
잊지 말고
제거합니다.
90g 정도씩 소분해 두고
라멘에 올리면 완성입니다.
고기가 식었다면 라멘 국물을
데울 때 함께 데워도 좋습니다.
남은 닭고기는 약간의 양념장과
함께 담아 냉장고에 두면 3일까지
보관 가능하고, 역시 양념장과
함께 소분해 냉동고에 넣으면
2개월까지 보관
가능합니다.
3일
2개월

야키토리
(양념에 재워 구운 닭고기)

라멘 2-4그릇 분량

재료:

마늘 3쪽, 껍질을 벗겨 강판에 갈거나 다진 것

생강 5cm가량, 껍질을 벗겨 강판에 갈거나 다진 것

대파 2대, 손질 후 다진 것

간장 1/2컵

미림 1/4컵

청주 1/4컵

참기름 1큰술

설탕 1큰술

껍질을 제거한 닭 다리 살 500g, 2.5cm 크기로 자른 것

카놀라유 적당량

야키토리, 닭꼬치는 일본의 수많은 이자카야에서 사랑받는, 그 자체만으로 정말 맛있는 요리입니다.

야키 = 焼き 구운
토리 = 鳥 닭

도쿄에 갈 일이 있다면 사방에서 닭고기를 굽느라 연기로 가득한 긴자의 야키토리 골목을 꼭 걸어보세요. 무슨 옷을 입고 가든 순식간에 그 냄새가 배어 잊을 수 없는 기념품으로 만들어줄 거예요.

닭 다리 살을 제외한 모든 재료를 작은 그릇에 넣고 잘 섞습니다.

먼저 닭 다리 살을 지퍼백에 넣고 양념을 부은 뒤 봉지를 눌러 공기를 최대한 빼내고 지퍼를 잘 닫습니다.

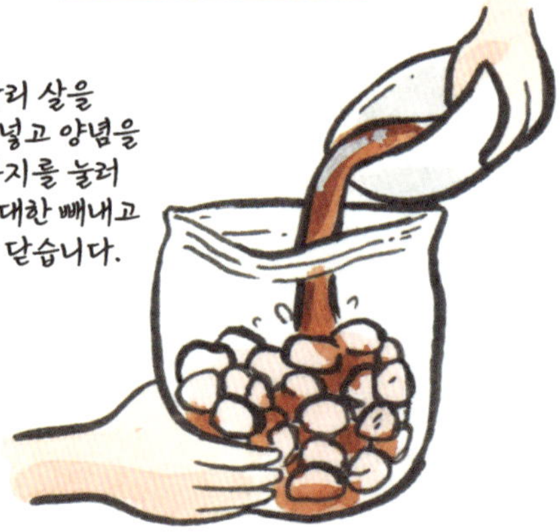

양념이 골고루 발리게 손으로 잘 문지른 후 냉장고에 1시간 이상 재워둡니다.

양념에 오래 재워둘수록 풍미가 깊게 배어 라멘에 잘 어울리는 야키토리가 됩니다.

야키토리를 구울 그릴을 켠 뒤,
예열하는 동안 나무 꼬치를 15분
정도 물에 담가 적셔 둡니다.
닭고기를 꼬치에 꿰어
준비합니다. 꼬치 끝이
고기 밖으로 삐져나오지
않아야 합니다.
남은 양념은 잠시 후 사용합니다.
상부 열선이 있는 오븐형 그릴을 쓴다면
나무 손잡이를 알루미늄 호일로 감쌉니다.
그릴을
기름으로 문질러
코팅합니다.
오븐형 그릴의 경우 베이킹 팬에
호일을 깔고 기름을 바른 뒤
꿰어 둔 꼬치를 올립니다.
중간중간 양념을 발라가며
3분 정도 굽습니다. 그릴에서
구울 때는 손잡이가 직화에
타지 않게 주의합니다.
꼬치를 뒤집어 다시 양념을
발라가며 3분간 굽고
다시 한번
뒤집습니다.
겉이 보기 좋게 구워지고
고기가 완전히 익을 때까지
뒤집어가며 조리합니다.
화력에 따라 보통 9분에서
12분 정도 소요됩니다.
완성된 꼬치는 그대로
라멘 그릇에 올리거나
꼬치에서 고기만 빼서
고명으로 담습니다.
남은 꼬치는 냉장고에서
3일까지 보관 가능하며,
다시 낼 때는 뜨거운
팬이나 토치를 이용해
빠르게 데웁니다.
차가운 상태로
츠케멘에 곁들여도
좋습니다
(p. 132).

일본식 고기완자
(니쿠당고&츠쿠네)

완자 약 24개(라멘 4-6그릇) 분량

재료:

간 돼지고기 또는
간 닭고기 500g

생강 2.5cm가량, 껍질을 벗겨
강판에 갈거나 다진 것

마늘 2쪽, 껍질을 벗겨
강판에 갈거나 다진 것

대파 3대, 손질 후 다진 것

볶은 참깨 1큰술

시치미 1작은술
(17쪽 팬트리 참고)

간장 2큰술

참기름 1작은술

쌀식초 1작은술

미림 1작은술

달걀 1개

피시 소스 1작은술
(없어도 무관)

다양한 방법으로 조리할 수 있습니다.

공 모양을 유지하며
굽지 않는 완자를
원한다면

살살 끓는 물에 넣고 4-5분간 삶습니다.
이때 팔팔 끓는 물은 피하세요. 라멘 국물에
삶으면 국물 맛을 배게 할 수도 있습니다.

팬에 눌려
모양은 살짝 무너지지만
맛있게 지진 완자를
원한다면

주물 팬에 카놀라유 1큰술을 두르고 가끔
뒤집어가며 맛있는 색이 날 때까지 중강불로
8-10분간 지집니다.

바닥이 살짝
평평하지만 전체적으로
동그란 형태를 유지하고
싶다면

베이킹 팬에 종이 호일을 깔고 205도로
예열한 오븐에서 8-10분간 굽습니다.

고기 완자에 어떤 고기를
썼느냐에 따라, 돼지고기로
만든 완자는 니쿠당고
(니쿠=고기)

닭고기로 만든 완자는
츠쿠네라 부릅니다.
야키토리집에서 꼬치에
꽂아 나오는 다진 고기도
츠쿠네라고 하죠.

보통은 타레를 발라가며
조리하지만, 저희는 맛난 라멘
국물에 넣을 거라 타레를
생략했습니다.

이렇게 완성된 완자를
라멘 토핑으로
올리거나

식혀서 냉장하면 3일, 냉동고에서는
1개월까지 보관 가능합니다.

차게 올려도 좋고, 국물을 데울 때
살짝 함께 데워도 좋습니다.

곁들임

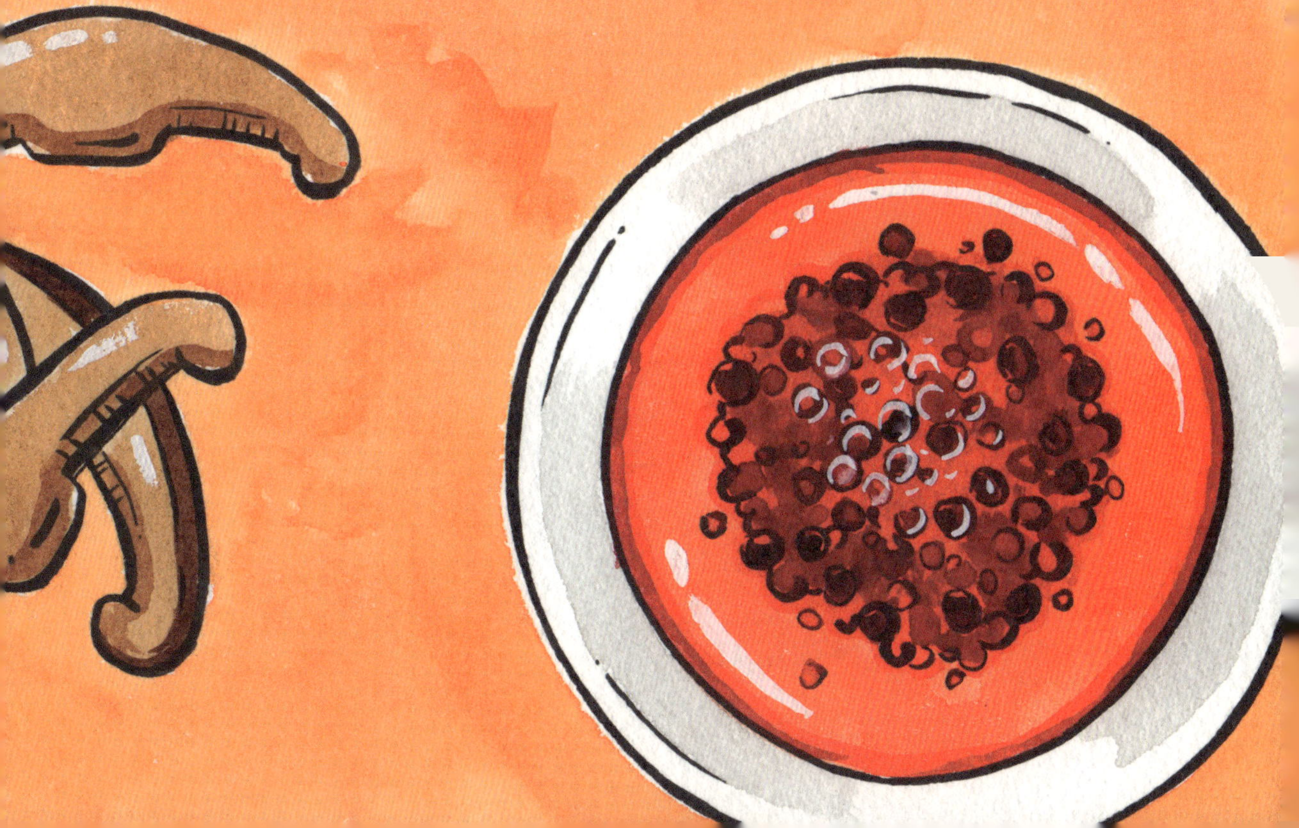

아지타마고의 모든 것

아지타마고는 라멘집이라면
어디서나 볼 수 있는 고명으로, 기호에 따라
달걀을 반숙 또는 완숙으로 익힌 뒤
양념장에 재워 만듭니다.

일반적인 완숙 달걀에서
노른자가 흐를 정도로 살짝 익힌
달걀까지 다양하지만, 그래도 양념장에
재우지 않는 (하지만 환상적으로
부드러운 질감을 자랑하는)
온센타마고(p. 108)에 비해 좀 더
형태가 단단히 유지되는
특징이 있습니다.

아지츠케 = 味付け 조미된
타마고 = 玉子 달걀

아지츠케타마고,
줄여서 아지타마고.
저희는 주로 6분간 삶은
달걀을 아지타마고로
만듭니다. 여러분도
다양한 시간대로
실험해보세요!

아지타마고를
재울 양념은 이 책의
레시피를 참고해도 좋고,
89쪽의 차슈 레시피에서
남은 국물에 물 1컵을 섞어
재우면 돼지고기 풍미가
더해진 아지타마고를
만들 수도 있습니다.

몇 시간만 재워도 물론
맛있는 아지타마고가 되지만
그래도 하룻밤 재워두면
더욱더 맛있습니다.
달걀을 삶을 때, 넓은 쪽
껍데기 끝을 압정이나
바늘로 살짝 찔러 구멍을
내놓으면
끓는 물에서 익는 동안
공기가 빠져나가 깨지는 걸
방지할 수 있어서
달걀을 이렇게 매끈하게
익힐 수 있답니다.
심지어
더 오랫동안,
며칠씩 재워도
돼요.
오래 재우면
재울수록 그만큼
달걀이 단단해진다는
점만 기억하면 돼요.
잘 재운 아지타마고는
이대로 먹어도 무척
맛있죠!

아지타마고
(삶은 달걀 장조림)

6개 분량

재료:

마늘 3쪽, 으깨어 껍질 벗긴 것

생강 5cm가량, 껍질을 벗기지 않고 0.5cm 두께로 썬 것

매운 건고추 1개

미림 1/2컵

쌀식초 2큰술

간장 1/2컵

황설탕 1큰술

물 1컵

달걀 6개, 큰 것

양념 국물을 약 1L짜리 볼에 옮겨 식힙니다.

충분한 크기의 냄비에 물을 넣고 강불로 끓입니다.

삶는 시간에 따라:

크리미하고 섬세한 달걀은 6분

좀 더 단단하지만 부드러운 노른자의 달걀은 8분

일반적인 완숙 달걀은 10분

(이 달걀은 자칫 부서지기 쉬우니 반으로 자르지 않고 냅니다!)

(8분과 10분 삶는 달걀은 낼 때 반으로 잘라도 됩니다!)

불에서 내린 뒤 뜨거운 물을
최대한 따라 버리고
흐르는 찬물에 달걀을 식힙니다.
찬물을 받는 동안 손으로 달걀을
살살 굴리고, 미지근해진 물은 따라 버리고
다시 계속해서 찬물을 받습니다.
물이 충분히 차가워지면 물을 끄고
5분간 그대로 식힌 뒤에
껍데기를 벗깁니다.
껍데기를 벗긴 달걀을 차가운
양념 국물에 넣고 냉장고에 하룻밤
재워둡니다. 중간중간 자리를 바꿔 양념이
골고루 배어들게 합니다.
양념 국물에서 꺼낸 달걀은 뚜껑을 잘 덮어
냉장하면 1주일까지 보관 가능합니다.
1주
양념 국물은
냉장해서 1달 이내에
3번까지 재활용할 수
있어요.
이렇게 만든 아지타마고는
24쪽을 참고해 한 그릇의
라멘을 완성하는 데
사용해도 좋고,
따로 먹어도
맛있는
간식이
됩니다.

온센타마고의 모든 것

온센 = 温泉 온천

뜨거운 물에 달걀을 담가 조리한 온센타마고는 커스터드를 연상케 하는 질감을 자랑하며, 껍데기 안에서 마치 수란을 조리한 듯한 결과물을 낼 수 있습니다.

원래 온센타마고는 지열로 뜨끈해진 온천 물에 긴 시간 달걀을 담가 만들었습니다. 잠시 목욕을 즐기는 사이 맛있는 달걀이 완성되죠.

그렇게 만든 달걀을 집으로 가져와 그릇에 깨 넣고 원하는 대로 먹는 게 전통이었습니다.

그때부터 요리사들은 주방에서도 온센타마고를
재현하기 위해 온도와 조리 시간, 조리 기법에 변화를
주어가며 연구를 거듭했습니다.
온센타마고는 흰자 일부가
익지 않은 상태로 남는
경우가 많습니다.
익은 흰자만
먹고 싶다면 달걀을
작은 그릇에 깬 뒤
이 책에서는 누구나
골치 아픈 과정 없이
맛있는 온센타마고를
만들 수 있는 방법을
소개할까 합니다.
다음 페이지의
레시피를 그대로
따라 하시기만
하면 됩니다.
잘 익은 부분만 숟가락으로 떠서
라멘 그릇으로 옮기면 됩니다.
맞다, 온센타마고
조리용 물은 웬만한
온탕보다 훨씬 뜨거우니
달걀 옆에 같이
뛰어들어가면
안 돼요!
좋아하는 라멘의
고명으로 먹어도 좋고, 간단한
다시(p. 45)에 담아 간장과 약간의
시치미, 파를 더해 먹어도
정말 맛있습니다.
이 책의 레시피는 달걀
6개에 맞게 시간과 온도를
정확하게 조정해 두었습니다.
그러므로 달걀이 이보다
많다면 횟수를 나누어
조리하세요.

온센타마고
(천천히 삶은 달걀)

6개 분량

재료:

냉장고에서 막 꺼낸 달걀 6개, 큰 것

뚜껑 있는 중간 크기의 냄비에 물 8컵을 채우고 디지털 온도계로 온도를 측정하며 중강불에서 90도까지 올립니다.

물 온도가 90도가 되는 순간 조심스럽게 달걀 6개를 냄비에 넣고 뚜껑을 닫은 뒤 불을 끕니다.

17분간 그대로 둡니다.

시간이 되면 뜨거운 물을 최대한 따라 버린 뒤 흐르는 찬물에 1분 정도 두어 달걀을 살짝 식힙니다.

달걀을 꺼내 작은 그릇에 깨어 담은 다음 익지 않은 흰자는 미리 제거하고

숟가락으로 떠서 라멘 위에 올립니다. 또는 조리한 온센타마고 그대로 원하는 고명을 얹어 먹어도 좋습니다.

사용하지 않은 달걀은 껍데기째 냉장하면 1주일까지 보관 가능합니다.

이렇게 냉장한 온센타마고는 그릇에 깨어 넣기 전 흐르는 뜨거운 물에 1분 정도 데워 찬기를 빼고 사용합니다.

멘마의 모든 것

라멘 고명으로 흔히 볼 수 있는 멘마는
죽순을 원료로 만들어 아작아작한
식감과 풍미를 자랑합니다.

잘 말린 죽순을 발효해
장인의 손길로 전통 양념에 재워
만들어낸 멘마는 무척이나
각광받는 식재료 중
하나로 손꼽힙니다.

이 책에서는
통조림 죽순을 재료로
간단한 방법을 통해
여러분이 라멘집에서
맛보는 멘마에 가까운
고명을 재현해 보려 합니다.

멘마

라멘 6-8그릇 분량

재료:

죽순 250g짜리 1캔, 물에 담긴 것

물 1컵

가쓰오부시 2큰술

미림 1/4컵

간장 1/4컵

마늘 1쪽, 칼 옆면으로 으깬 것

매운 건고추 1개

청주 1/4컵(없어도 무관)

죽순의 물을 버리고 잘 헹궈 잠시 옆에 둡니다.

작은 냄비에 분량의 물을 담아 강불에서 끓입니다.

작은 그릇에 가쓰오부시를 담고 끓인 물을 붓습니다.

가쓰오부시를 10분간 우린 뒤 물을 걸러 다시 냄비에 넣습니다. 가쓰오부시는 버립니다.

나머지 재료와 죽순을 가쓰오부시 우린 물에 넣고 보글보글 끓어오를 때까지 중강불로 가열합니다.

끓어오르면 불을 약불로 줄이고 10분간 가열합니다.

시간이 되면 불에서 내린 뒤 실온 정도로 식힙니다.

완성된 멘마는 라멘 고명으로 사용하고, 남은 분량은 절임물에 재운 채로 냉장하면 1주일까지 보관 가능합니다.

절인 표고버섯

라멘 8-10그릇 분량

재료:

다시(p. 45)나 채소 국물 (p. 60) 만들고 남은 표고버섯 2컵 또는 말린 표고버섯 60g(뜨거운 물에 15분간 불린 것), 썰어서 준비

쌀식초 1/2컵

간장 1/4컵

물 1/4컵

생강 2.5cm가량, 껍질을 벗겨 강판에 갈거나 다진 것 (없어도 무관)

적당한 내열 용기에 버섯을 담습니다.

나머지 재료를 작은 냄비에 모두 넣고 강불로 가열해

보글보글 끓인 뒤

버섯을 담은 용기에 붓고 그대로 실온 정도로 식힙니다.

이렇게 절인 버섯은 바로 사용하거나 뚜껑을 단단히 덮어 냉장하면 1주일까지 보관 가능합니다.

볶은 채소의 모든 것

여기서는 채소를 바삭하게 볶아 라멘 고명으로 사용하는 기법을 몇 가지 다뤄 볼까 합니다.

각 채소의 크기와 조리 방식, 조리 시간 등을 감안해 원하는 대로 섞어 사용해도 좋습니다.

얇은 채소류에는 간단 채소 볶음 (p. 114)이 어울립니다.

재료 속까지
익혀야 하는 채소에는
채소 볶음찜
(p. 115)이
좋습니다.
청경채
브로콜리
콜리플라워
래디시
무
아스파라거스

수분이 나오기 쉬운
잎사귀 채소라면
잎채소 볶음(p. 116)
으로 조리해 보세요.
시금치
물냉이
공심채
근대
케일

웍 크기를
고려해 채소를
나눠 볶아도
좋습니다.
겉이 살짝 까맣게
그슬려도 걱정
마세요.
취향에 따라 121쪽의
맛기름으로 마무리해 풍미와
향을 더해보세요.

간단 채소 볶음

라멘 4그릇 분량

재료:

카놀라유 또는 닭 지방이나 돼지 지방(p. 42) 2큰술

아래 채소 중 원하는 채소 1-2컵:

양배추, 가로세로 약 2.5cm로 썬 것

대파, 손질 후 2.5-5cm 길이로 자른 것

꽈리고추

파프리카, 씨를 빼내고 길게 자른 것

버섯, 2.5cm 이하 크기로 썬 것

백설콩, 다듬은 것

스냅피, 다듬은 것

풋강낭콩, 다듬은 것

당근, 0.5cm 두께로 어슷 썬 것

소금

웍 또는 주물 팬을 강불로 예열합니다.

채소를 넣은 뒤 소금으로 간합니다.

완성된 채소를 라멘에 올립니다.

채소 볶음찜

라멘 4그릇 분량

재료:

카놀라유 또는 닭 지방이나 돼지 지방(p. 42) 2큰술

아래 채소 중 원하는 채소 1-2컵:

청경채, 다듬어 1/4로 자른 것

브로콜리

콜리플라워

방울무, 1/4로 자른 것

무, 껍질을 벗겨 1cm 남짓 두께 반달 모양으로 자른 것

아스파라거스, 2.5-5cm 길이로 자른 것

소금

웍 또는 주물 팬을 강불로 예열합니다.

연기가 살짝 올라오면 카놀라유 또는 지방을 넣고

채소를 넣은 뒤 한두 번 저으며 1분간 볶습니다.

물 1/4컵을 넣고 2-3분간 조리합니다.

물기가 없어질 때까지 가끔 저어가며 조리하면 채소의 색이 살아나고 식감이 부드러워집니다.

완성된 채소를 라멘에 올립니다.

잎채소 볶음

라멘 4그릇 분량

재료:

아래 채소 중 원하는 채소 6-10컵:

시금치, 잘게 찢은 것

물냉이, 잘게 찢은 것

공심채, 잘게 찢은 것

근대, 줄기를 제거하고 잎을 잘게 찢은 것

케일, 줄기를 제거하고 잎을 잘게 찢은 것

소금

구운 닭 껍질

4장 분량

재료:

닭 다리에서 벗긴 통껍질 4장, 생껍질 또는 풀드 치킨(p. 94), 김치 조림 치킨 라멘(p. 156), 아도보 치킨 라멘(p. 163)을 만들고 남은 것

소금 1/2작은술

시치미, 기호에 따라 (17쪽 팬트리 참고)

오븐을 175도로 예열합니다.

베이킹 팬에 종이 호일을 깔고 닭 껍질을 잘 펼쳐 놓은 뒤 소금으로 간한 다음

다른 종이 호일로 잘 덮고 그 위를 다시 베이킹 팬으로 덮어 껍질이 말리는 것을 방지합니다.

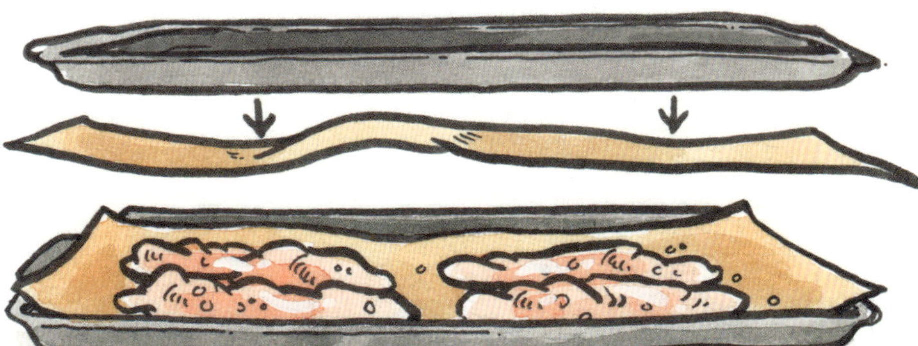

껍질이 바삭한 갈색으로 변할 때까지 조리합니다.

생껍질은 45-60분, 요리에 활용했던 껍질이라면 30-45분 정도 소요됩니다.

시치미를 뿌려 그대로 라멘 토핑으로 곁들이거나 간식으로 먹습니다.

또는 완전히 식힌 다음 밀폐 용기에 넣으면 실온에서 이틀까지 보관 가능합니다.

초생강
(생강 초절임)

라멘 6그릇 분량

재료:

생강 7-8cm가량 3조각,
가급적 길쭉하고 단단한 것

물 1/2컵

쌀식초 1/2컵

설탕 1큰술

소금 1작은술

매운 건고추 1개

숟가락을 이용해 생강
껍질을 벗긴 다음

긴 방향으로
최대한 얇게
저밉니다. 채칼이
있다면 채칼을
쓰기를 권합니다.

자투리는
육수 낼 때
활용하세요!

작은 내열 용기에
저민 생강을 담습니다.

나머지 재료를 작은 냄비에
모두 넣고 중강불로 가열해
서서히 끓어오르면

소금과 설탕이 모두
녹을 때까지 잘 저은 뒤

생강에 붓고 그대로
실온까지 30분 정도
식힙니다.

이렇게 절인 초생강을
기호에 따라 라멘 위에
올립니다. 보통 몇 점이면
충분합니다.

남은 초생강은
절임물에 재운 채로
냉장하면 1개월까지
보관 가능합니다.

라멘에 베니쇼가
(홍생강 초절임)를
쓰는 곳도 있습니다.
독특한 색을 자랑하는
베니쇼가는 빨간 우메보시
국물에 생강을 절여
만듭니다.

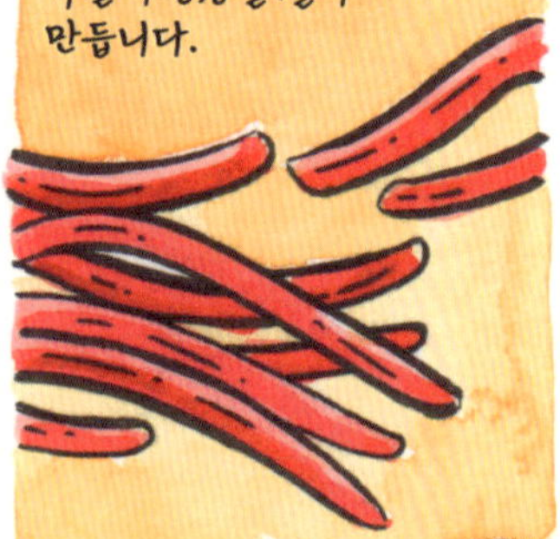

이 책에서는 색이 밝고
짜릿한 산미에 약간의 톡 쏘는
매운맛이 있는, 주로 초밥에
곁들여 먹는 초절임
레시피를 소개합니다.

이 초생강은 특히 미소
(p. 48)나 돈코츠(p. 52)
국물에 무척 잘 어울립니다.

볶은 샬롯과 대파

라멘 4그릇 분량

재료:

카놀라유 1/4컵

샬롯 3개, 큰 것, 껍질을 벗겨 잘게 썬 것(약 1과 1/2컵)

대파 약 6대, 초록색 부분은 어슷 썰고 흰색 부분은 0.5cm 두께로 썰어 따로 준비

빨간 청양고추 다진 것 1작은술(없어도 무관)

미림 1큰술

간장 2큰술

참기름 2작은술

쌀식초 1작은술

볶은 샬롯과 대파는 쉬운 조리 난이도에 비해 음식에 더해주는 향과 풍미가 상당합니다.

너무 자주 젓지 말고 충분한 화력으로 재료를 지져줄 수 있는 인내심이 중요합니다.

다시 한번 30초간
기다립니다.
휘휘 젓습니다.
마지막으로 한 번 더
30초간 둡니다.
이제 대파의 초록 부분과
고추를 넣고 재빨리
휘저은 다음 불에서
내립니다.
곧바로 작은 그릇에
담은 뒤 나머지 재료를
넣고 잘 섞어줍니다.
1/4컵 정도를 듬뿍 떠서 라멘에
고명으로 얹고, 함께 뜬 오일을
주위 국물에 뿌립니다.
냉장하면 3일까지
보관 가능합니다.
3일

맛기름의 모든 것

라멘 국물에 사용하는 기본 돼지 지방 및 닭 지방과 마찬가지로, 여기 소개하는 맛기름들 역시 국물 위에 뿌리면 아름다운 패턴과 함께 다양하고 깊은 풍미를 더해 줍니다.

특유의 균형 잡힌 향을 자랑하는 마늘샬롯 향미유는 어떤 라멘에도 잘 어울립니다.

라유(고추기름)는 칼칼한 고추의 톡 쏘는 향뿐 아니라 생강과 마늘, 파의 복합적인 향까지 라멘에 더해줍니다.

마유(흑마늘기름)는 이 세 가지 맛기름 중 초보자에게 가장 어려울 수도 있지만, 일단 그 맛을 알고 나면 마법처럼 입안에 퍼지는 경험을 하게 됩니다.
마유는 한마디로 참기름 속에서 마늘을 서서히 태워서 만드는 기름이랍니다.
그 결과 진하고 쌉싸름한 기름이 만들어지죠. 그 자체로는 딱히 맛있다고 느껴지지 않을 수 있지만, 돈코츠나 토리코츠 등의 진한 파이탄 국물에 첨가하면 훌륭하게 균형을 잡아줍니다. 아주 약간만 넣어도 큰 역할을 하거든요.
잊지 마세요. 이런 맛기름은 기본적으로 향과 칼칼함을 내기 위해 사용합니다.
그래서 조리할 때 간에 영향을 끼칠 수 있는 재료는 넣지 않습니다. 이미 라멘 국물은 간이 충분하니까요.
또한 맛난 재료들이 바닥에 잔뜩 가라앉아 있을 테니 바닥까지 잘 저은 다음 뜨는 것도 잊지 마세요!

마늘샬롯 향미유

1컵 분량

재료:

카놀라유 1컵

마늘 1통 분량, 껍질을 벗겨 다진 것

샬롯 2개, 큰 것, 껍질을 벗겨 다진 것

작고 묵직한 팬에
재료를 모두 담고
약불로 가열합니다.

마늘과 샬롯이 품고 있는
향미 물질을 최대한
기름에 뽑아낸다는
느낌으로 조리하며
가끔 저어줍니다.

그렇게 20-30분쯤 사이 마늘과
샬롯이 갈색이 되기 시작하면

그때부터는 마늘이
균일하게 밝은 갈색을
띨 때까지 2-5분간
계속 저은 다음

불에서 내려
실온 정도로 식힙니다.

밀폐 용기에 넣고
냉장하면 1개월까지
보관 가능합니다.
기호에 따라 1큰술
정도를 국물 위에
뿌려 사용합니다.

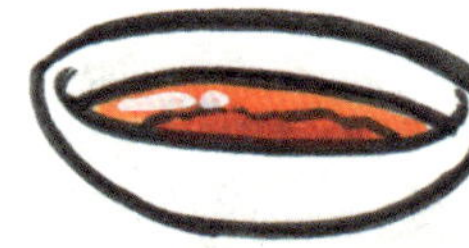

라 유
(일본식 고추기름)

1과 1/2컵 분량

재료:

카놀라유 1/2컵

생강 7-8cm가량, 껍질을 벗겨 다진 것

마늘 6쪽, 껍질을 벗겨 다진 것

대파 흰 부분 3대, 손질 후 다진 것

시치미 1큰술 (17쪽 팬트리 참고)

고춧가루 1작은술

참기름 1/2컵

작은 팬에 카놀라유, 생강, 마늘, 대파를 넣고 중불에 올려

불에서 내린 후 나머지 재료를 넣고 잘 섞은 뒤

식힙니다.

밀폐 용기에 넣고 냉장하면 1개월까지 보관 가능합니다. 기호에 따라 소량을 국물 위에 뿌려 사용합니다.

마 유
(흑마늘기름)

1/2컵 분량

재료:

참기름 1/2컵

다진 마늘 1/4컵

마유는 탄향이 있어서 그 자체로는 맛없게 느껴질 수도 있어요.

하지만 진한 파이탄 국물에 더해지면 특유의 향에서 느껴지는 묘한 매력이 있답니다.

작은 팬에 기름과 마늘을 넣고 중약불에 올립니다.

마늘이 갈색으로 변하기 시작할 때까지 자주 저어주며 10-15분간 조리합니다.

마늘은 점점 끈적해지는 반면 기름은 점성이 줄어듭니다.

마늘이 짙은 갈색이 되면, 한층 더 집중하되 겁먹지 말고 계속 조리하다가

마늘이 검정색으로 변하기 시작하면 불을 끕니다 (연기가 날 수도 있어요).

마늘의 당분과 수분 함량에 따라 20분에서 30분 정도 소요됩니다.

불에서 내리자마자 블렌더에 넣고

부드러운 상태가 될 때까지 조심스럽게 갈아줍니다.

밀폐 용기에 넣고 냉장하면 3개월까지 보관 가능합니다. 기호에 따라 소량을 진한 국물 위에 뿌려 사용합니다.

다양한 응용 메뉴들

츠케멘의 모든 것

츠케멘은 면을 국물과 다양한 토핑에 찍어 먹는 무척 독특한 메뉴입니다. 면이 일반적인 라멘 면보다 두껍고 차가우며, 국물 또한 보통 라멘 국물보다 진하게 간이 되어 있는 것이 특징입니다.

면을 집어 들고 국물에 찍어 먹으며, 토핑은 기호에 따라 편하게 먹습니다.

츠케루 = 浸ける
담그다, 적시다
멘 = 麵 면

츠케멘은
라멘 업계의 전설,
야마기시 카즈오 씨가
1950년대 중반
한 라멘집에서
연수생으로 일하던
시절 만들었다고
합니다.
원래 그릇에 면을 담고 약간의 국물과
양념을 부어 직원 식사용으로 야마기시 씨가 먹던 것을
한 단골 손님의 요청으로 만들어 냈는데
이를 손님이
무척 맘에 들어
하자 그 레시피를
다듬어 정식 메뉴로
만든 것입니다.
야마기시 씨는
곧 자신의 식당인
다이쇼켄을
개업했고, 수많은
제자가 그곳을
거쳐갔습니다.
세월이 흘러 지긋한 나이가 된
이후에도 야마기시 씨는 항상
직접 주방에서 국물과 면의 상태를
확인하고 난 뒤에야 본점 바깥
자리에 앉아 쉬곤 했습니다
(지금의 다이쇼켄은 많은
수의 분점을 자랑하는
츠케멘 체인입니다).
大勝軒
그의 음식을 맛보러 온
사람들의 줄은 끝도 없었고,
야마기시 씨는 직접 문 앞에서
이들을 맞이했습니다.
中華そば

츠케멘은
라멘만큼이나 다양한
변주가 가능한
메뉴입니다.
무더운
여름날 찾는
차가운 다시에
간장과 미림으로
간한 양념 국물은
일본 소바를
연상케 하죠.
차슈(p. 89)를
만들고 남은 조림장은
빠르고 간단하지만
정말 맛있는 국물이
되어줍니다.
처음부터 츠케멘을 위한 국물을
만든다면 미소와 참기름 향이 식욕을
자극하는 참깨미소 소스(p. 134)를
추천합니다. 찬 국물, 뜨거운 국물
모두 좋습니다.
아니면 진한
돈코츠 국물에
매운 고추와 얼얼한 산초로
포인트를 더한 국물도
무척 맛있죠.

찍어 먹을 국물로 어떤 걸 선택하든, 면은 두꺼운 면으로 쫄깃한 식감을 극대화합니다. 면이 두꺼우면 국물도 더 많이 묻힐 수 있지요.
국물을 많이 먹지 않게 되기에 대신 일반 라멘에 비해 나오는 면의 양이 훨씬 많다는 점도 참고하면 좋습니다.
물론 중요한 건 여러분의 취향입니다. 기본으로 나오는 면이 부족하면 얼마든지 더 드셔도 좋습니다.
면을 다 먹은 뒤에는 남은 국물에 뜨거운 육수를 섞어 드셔 보세요!

츠케멘
(찍어 먹는 면요리)

1인분

재료:

라멘 생면 180-240g
(가급적 두꺼운 면으로)

양념 다시나 차슈 조림장 180mL, 또는 참깨미소 소스나 매운 츠케멘 국물 120mL
(레시피 아래 참고)

차슈 2장(p. 89)

아지타마고 1개(p. 104), 반으로 자른 것

멘마 5-6개(p. 110)

대파 약간

볶은 참깨 크게 한 꼬집

라유(p. 124) 또는 마늘샬롯 향미유(p. 123) 약간

시치미, 김, 야키토리(p. 96), 구운 닭 껍질(p. 117) 등

먼저 면을 준비합니다.

충분한 크기의 냄비에 물을 넣고 강불로 끓입니다.

물기를 뺀 뒤

흐르는 찬물에 푹 담가서

그릇에 담아 잠시 치워둡니다.

양념 다시나 차가운 참깨미소 소스를 쓴다면 작은 그릇에 부어 놓습니다.
츠케멘용 차슈 조림장이나 뜨거운 참깨미소 소스, 매운 츠케멘 국물을 쓴다면 먼저 냄비에서 뜨겁게 데운 다음 작은 그릇으로 옮겨 담습니다.
기름을 두르지 않은 팬에 중강불로 차슈를 지져 데운 뒤 국물 그릇 한쪽에 밀어놓습니다.
그다음 아지타마고, 멘마, 파, 참깨를 올립니다.
만들어 둔 향미유를 두르고 기호에 따라 기타 고명도 곁들인 다음 (매운 츠케멘 국물에 먹는다면 산초와 초피도 잊지 마세요!)
바로 면과 함께 먹습니다.
면을 집어!
면을 국물에 찍어 맘껏 드세요!
찍고!
후루룩!

양념 다시

180mL 분량

재료:

다시 1/2컵(p. 45)

간장 2큰술

미림 2큰술

재료를 모두 섞어
30분 이상 냉장고에서
차게 만든 뒤
츠케멘에 냅니다.

참깨미소 소스

4인분

재료:

참기름 3큰술

미소 2큰술, 원하는 종류로

간장 2큰술

쌀식초 2작은술

청주 1/2컵

물 1/2컵

다시 1/2컵(p. 45) 또는 물 1/2컵에 간장 1작은술 넣은 것

생강 2.5cm가량, 껍질을 벗겨 강판에 갈거나 다진 것

마늘 2쪽, 껍질을 벗겨 강판에 갈거나 다진 것

작은 냄비에 참기름, 간장,
식초, 청주, 물, 다시를 넣고
잘 휘저어 섞습니다.

중강불에 올려
가끔 저어가며
가열하고 끓기
시작하면 약불로
줄여 알코올을
날립니다.

냄비를 불에서
내린 뒤 생강과
마늘을 넣고
저어 줍니다.

완성입니다.

또는 식혀서 보관하되,
그릇에 붓기 전에 잘 저어
재료가 고루 섞이게 합니다.

남은 소스는 냉장하면 2주일,
냉동고에서는 3개월까지
보관 가능합니다.

츠케멘용 차슈 조림장

180mL 분량

재료:

차슈 조리 후 남은 조림장(p. 89) 1/2컵

물 1/4컵

차슈 조림장에 물을 부어 희석합니다.

차슈 조림장의 간과 여러분의 기호를 감안해 물의 양을 가감하고, 내기 전에 뜨겁게 데웁니다.

매운 츠케멘 국물

4인분

재료:

돈코츠(p. 52), 토리코츠(p. 54), 교카이(p. 63) 국물 중 원하는 국물 2컵

돼지 지방(p. 42) 또는 닭 지방(p. 43) 3큰술

간장 1/2컵

쌀식초 1큰술

설탕 1큰술

고춧가루 1-2작은술

산초 또는 초피 1인당 1/4-1/2작은술, 갈아서 체에 내린 것 (없어도 무관, 17쪽 팬트리 참고)

산초와 초피를 제외한 모든 재료를 냄비에 넣고 끓기 직전까지 가열한 다음

불을 줄여 그 상태를 유지하며 5분간 조리합니다.

불에서 내린 뒤 츠케멘 국물로 냅니다. 1인분씩 그릇에 담을 때마다 잘 저어 재료가 고루 섞이게 합니다.

산초 또는 초피를 넣는다면 이때 위에 뿌려줍니다.

남은 소스는 냉장하면 2주일, 냉동고에서는 3개월까지 보관 가능합니다.

아부라소바의 모든 것

아부라소바는
국물 없이 기름의 풍미와
약간의 고명에 집중하여
면 위주로 먹는 새로운
스타일의 라멘입니다.

위에 날달걀을
얹어 내기도 하는데, 이를
면과 잘 섞으면 면의 잔열로 인해
달걀과 기름이 유화되어
카르보나라의 질감을
내 주며

그릇 아래쪽에 깔린
소스 및 식초, 라유 또한
먹는 내내 독특한 풍미를
선사합니다.

날달걀을
잘 못 먹는 분이라면
온센타마고(p. 108) 또는
부드러운 아지타마고
(p. 104)도 잘 어울립니다.

풍미 가득하고
쫄깃한 식감을 자랑하는
아부라소바는 육수를 끓이는
긴 과정이 필요 없기에
만들기도 쉽습니다.

이 책에서는 먼저
가장 기본적인 아부라소바를
만드는 법을 알려드리고, 거기에
국물을 더해 더욱 진한 소스 맛을
즐길 수 있는 마제소바 레시피까지
소개해 드릴까 합니다.

이후에는 여러분이
좋아하는 기름과 다양한
토핑을 맘껏 활용해
자신만의 조합에도
도전해 보세요!

아부라소바
(기름면)

1인분

재료:

돼지 지방(p. 43) 또는
닭 지방(p. 42) 2큰술

차슈 1장(p. 89),
새끼손가락 크기로 자른 것

참기름 1/2작은술

쌀식초 1작은술,
완성 후 기호에 따라 추가

간장 2작은술

수제 라멘 면(p. 79)
또는 시판 생면 150g

날달걀 또는
온센타마고(p. 108)나
부드러운 아지타마고
(p. 104) 1개

멘마 적당량(p. 110)

초생강 적당량(p. 118)

대파 약간

볶은 참깨 1작은술

김 5x10cm 크기,
잘게 자른 것

라유(p. 124)

충분한 크기의 냄비에
물을 넣고 강불로 끓입니다.

물을 올린 뒤 팬이나
웍에 지방을 넣고
중강불로 가열합니다.

지방이 녹으면 잘라놓은
차슈를 넣고 잘 저어가며
약 1분간 충분히 데운 뒤

그릇에 담아둡니다.

녹인 지방
2큰술가량을
면 그릇에 담고

참기름, 식초,
간장을 더합니다.

면을 수제 라멘 면
조리법(p. 79)을
참고해 삶고 물기를
잘 제거한 뒤 소스
위에 담습니다.
달걀 껍데기를 잘 벗겨 면 위에
올리고 차슈, 멘마, 초생강, 파, 참깨, 김 등의
고명으로 장식합니다.
완성된 아부라소바를
라유 및 여분의 식초와
함께 냅니다.
먹을 때는 달걀을 깨서 면과
소스에 잘 섞은 뒤
기호에 따라
식초와 라유를
첨가합니다.

마제소바의 모든 것

아부라소바가
기름과 지방의 향긋한 풍미를
부각시키는 쪽이라면

그 사촌인 마제소바는
약간의 진한 국물에 면과
토핑을 올려 잘 비벼서
그 맛을 즐기는 메뉴입니다.

잘 만든 한 그릇의
파스타를 떠올려보세요.
파스타 면에서 빠져나온
전분이 소스와 어우러져 면에
코팅되면 한입 먹을 때마다
입안에 꽉 차는 풍미를 느낄 수
있지요. 마제소바에서는
졸인 국물이 바로 이 소스의
역할을 한답니다.

마제소바는 다양한 변주가
가능한, 무궁무진한 가능성을
지닌 메뉴이니 기호에 따라
과감한 시도를 해 보는 것도
좋습니다. 아이반 오르킨이 쓴
<아이반 라멘>에서도
BLT 마제소바를 포함한
여러 메뉴를 소개하고
있으니 참고해 보세요!

마제 = 混ぜ 비비다
소바 = 麺 면

먼저 소개해드리는
기본 마제소바 레시피를
따라 해 보시고, 뒤에 이어 나오는
응용 메뉴에도 도전해보세요.
토핑은 각자의 기호에 맞게
얼마든지 변경해도
문제없습니다!

마제소바
(비빔면)

4인분

재료:

돼지 육수(p. 43) 또는
닭 육수(p. 42) 또는
돈코츠 국물(p. 52) 또는
토리코츠 국물(p. 54) 3컵

돼지 지방(p. 43) 또는
닭 지방(p. 42) 4큰술,
돈코츠 국물이나 토리코츠
국물을 사용한다면 생략

쇼유 타레(p. 47) 또는
미소 타레(p. 48) 8큰술,
또는 시오 타레(p. 46)
4큰술

라유(p. 124) 또는
마늘샬롯 향미유(p. 123)
4큰술, 건더기 포함

쌀식초 2작은술

수제 라멘 면(p. 79) 또는
시판 생면 150g(1인당)

온센타마고(p. 103) 또는
아지타마고(p. 104)

충분한 크기의 냄비에
물을 넣고 강불로 끓입니다.

작은 팬에 육수를 담고
강불에 올려

약 절반의 양인 1과 1/2컵
정도로 졸입니다.

졸인 소스에 지방을
넣고 약불로 줄입니다.

그릇 4개에 타레, 라유,
식초를 나눠 담습니다.

면을 수제 라멘 면
조리법(p. 79)을
참고해 삶습니다.

면이 거의 다 익을 때쯤
뜨거운 소스를 그릇에 나눠 담습니다.

먹을 때는 달걀을 깨서
면과 소스에 잘 섞은 뒤
기호에 따라 식초와
라유를 첨가합니다.

크리미한 버섯 마제소바

1인분

재료:

버터 2큰술

표고버섯 120g, 썰어서 준비(약 2컵)

샬롯 1개, 큰 것, 잘게 썰어서 준비

마늘 1쪽, 얇게 썬 것

대파 2대, 손질 후 흰 부분은 다지고 초록 부분은 얇게 어슷 썰어 따로 준비

닭 육수(p. 42) 또는 토리코츠 국물(p. 54) 1/2컵

생크림 1/4컵

참기름 1/2작은술

라유(p. 124) 1작은술, 완성 후 기호에 따라 추가

소금, 갓 갈아낸 후추

수제 라멘 면(p. 79) 또는 시판 생면 150g

달걀노른자 1개 (없어도 무관)

시치미

요리는 전통적인 일본식 마제소바에 서양의 맛을 더한 메뉴로, 무척 맛있고 만들기도 간단합니다.

본 레시피는 1인분에 맞춰져 있지만 재료를 곱해 4인분까지 만들어도 무방합니다. 대신 육수를 졸이는 데 1인분보다 많은 시간이 필요하다는 점만 기억해 두세요.

충분한 크기의 냄비에 물을 넣고 강불로 끓입니다.

물을 올린 뒤 주물 팬이나 웍에 버터를 넣고 중강불로 가열합니다.

버터가 녹으면 버섯을 넣고 살짝 부드러워질 때까지 약 2분간 조리한 다음

샬롯과 마늘, 대파 흰 부분을 넣고 저어가며 갈색이 나기 시작할 때까지 2-3분간 조리합니다.

이제 육수를 붓고 불을 강불로 올려 육수가 약 절반으로 줄어들 때까지 2-3분간 끓입니다.

크림을 넣고 1분 정도 더 졸이며 풍미를 끌어올립니다.

분량의 참기름과 라유,
대파 초록 부분을 넣습니다.
불에서 내린 뒤
필요하면 추가로
간합니다.
면을 수제 라멘 면 조리법
(p. 79)을 참고해 삶아 물기를
잘 뺀 뒤 그릇에 담고
버섯 소스를 면 위에 붓습니다.
버섯으로 예쁘게 모양을 내보세요.
마지막으로 달걀노른자를 비롯해
원하는 토핑을 얹고, 후추와
시치미를 충분히 뿌려 냅니다.
어울리는 곁들임:
풀드 치킨(p. 94)
츠쿠네(p. 98)
야키토리(p. 96)
온센타마고(p. 108)
또는 아지타마고(p. 104)
파
구운 닭 껍질(p. 117)
완성된 마제소바를
먹을 때는 달걀노른자를
깨서 면과 소스에 잘 섞은
뒤 기호에 따라 라유를
첨가합니다.

냉온 토마토 마제소바

1인분

재료:

샬롯 1개, 작은 것, 잘게 썰어서 준비

프레스노 고추, 할라페뇨 고추, 세라노 고추 등 기호에 따라 적당량, 얇게 송송 썰어 준비 (청양고추 또는 베트남고추나 페퍼론치노 등으로 대체 가능)

황설탕 1/2작은술

라임 즙 1개 분량(약 2큰술)

사탕수수식초 또는 쌀식초 1큰술

피시 소스 2작은술, 기호에 따라 가감

간장 1작은술

카놀라유 1작은술

참기름 1작은술

대파 2대, 손질 후 흰 부분은 잘게 송송 썰고 초록 부분은 얇게 어슷 썰어 따로 준비

완숙 방울토마토 크게 한 줌, 반으로 자른 것

수제 라멘 면(p. 79) 또는 시판 생면 150g

타이 바질 또는 제노비스 바질 잎 몇 장, 잘게 찢은 것

샬롯, 고추, 설탕, 라임즙, 식초, 피시 소스, 간장, 기름, 대파 흰 부분, 방울토마토를 믹싱볼에 담고 설탕이 완전히 녹을 때까지 잘 섞은 다음

위를 덮어 냉장고에 30분간 둡니다.

충분한 크기의 냄비에 물을 넣고 강불로 끓입니다.

면을 조리법을 참고해 삶아 물기를 잘 뺀 뒤 그대로 차가운 소스에 붓습니다.

뜨거운 면과 차가운 소스의 조합에 동남아시아 스타일의 산뜻한 풍미가 더해진 이 독특한 퓨전 마제소바는 특히 토마토가 풍부하게 자라는 여름철에 정말 잘 어울리는 메뉴예요.

피시 소스 덕분에 깊은 감칠맛이 폭발하니 꼭 넣어보세요!

대파 초록 부분과 바질 절반 분량을 넣고 잘 섞습니다.

그릇에 옮겨 담고 토마토로 예쁘게 모양을 낸 뒤 믹싱볼에 남은 소스를 면 위에 뿌립니다.

남은 바질을 올려 장식하면 완성입니다.

탄탄멘의 모든 것

탄탄멘은 중국 요리인
딴딴몐을 일본식으로 재해석한
메뉴입니다.

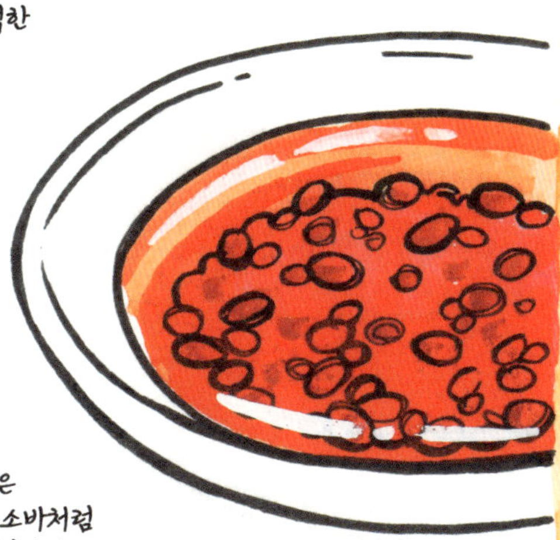

딴딴몐이 밀국수와
다진 고기에 고추기름와
초피 등의 향신료로 매운맛을
배가한 사천식 요리인 데 반해

일본으로 넘어온 탄탄멘은
약간의 국물을 더한 버전과 마제소바처럼
국물이 거의 없는 버전으로 나뉩니다.
매운맛을 위해 고추기름을
첨가하기도 합니다.

이 책에서 소개하는 탄탄멘은
참깨 소스를 써서 언뜻 진한
돈코츠 국물 느낌도 나지만, 결코
매운맛을 소홀히 하지 않았으니
기대해도 좋습니다!

시중의 탄탄멘에서 느껴지는
중국식 딴딴몐의 깊은 풍미를
살리고 싶다면

아시아 식재료 마트에서
사천식 발효 절임인 야차이와
톈몐장이라는 중국식 콩 발효장을
구해서 사용하는 것을 권합니다.

하지만 이 두 재료가
없더라도 걱정 마세요.
여전히 맛있는 탄탄멘을
만들 수 있으니까요.

탄탄멘
(매운 다짐육 라멘)

1인분

재료:

탄탄멘 돈육 또는 두부 3/4컵(p. 150)

원하는 종류의 육수 또는 국물 1과 1/4컵, 간하지 않은 것

수제 라멘 면(p. 79) 또는 시판 생면 150g(1인당)

라유 1-2작은술(p. 124)

충분한 크기의 냄비에 물을 넣고 강불로 끓입니다.

물을 올린 뒤 웍이나 주물 팬에 탄탄멘 돈육을 넣고 중강불로 데운 뒤

저희는 진한 탄탄멘에 채소 국물(p. 60)을 즐겨 사용합니다.

하지만 이 레시피에는 타레를 넣지 않은 어떤 육수든 다 잘 어울립니다. 미리 만들어 둔 탄탄멘 돈육과 그 육즙이 타레 대신 국물의 간을 담당할 거예요.

육수를 넣고 끓어오를 때까지 가열합니다.

단단한 두부도 탄탄멘에 잘 어울립니다. 탄탄멘 돈육(p. 150)을 만들 때 돼지고기 대신 두부 약 350-500g을 작게 썰어 넣어보세요.

면을 조리법대로 삶아

물기를 잘 뺀 뒤 그릇에 담습니다.

어울리는 곁들임:
아지타마고(p. 104)
온센타마고(p. 108)
볶은 채소(p. 112)
멘마(p. 110)
초생강(p. 118)
파
고춧가루
산초(p. 17)
완두싹 또는 해바라기싹
뜨거운 국물을 그릇에 붓고
면 위에 고기를
예쁘게 올린 뒤
국물 주위에
라유를 뿌립니다.
마지막으로 원하는
고명을 맘껏 곁들이면
완성입니다.

탄탄멘 돈육

라멘 4그릇 분량

재료:

타히니 1/4컵

참기름 1/4컵

라유 2큰술(p. 124)

간장 1/4컵

쌀식초 2큰술

산초 또는 초피 1작은술,
갈아서 체에 내린 것
(없어도 무관, 17쪽 팬트리 참고)

고춧가루 1작은술

돼지 지방 또는 카놀라유 2큰술

생강 7-8cm가량,
껍질을 벗겨 다진 것

마늘 4쪽, 다진 것

대파 약 6대, 손질 후 흰 부분은
다지고 초록 부분은 얇게
어슷 썰어 따로 준비

야차이 1큰술
(사천식 발효 절임,
없어도 무관, p. 147)

톈몐장 1큰술
(중국식 콩 발효장,
없어도 무관, p. 147)

돼지고기 다짐육 500g

원하는 종류의 육수(p. 42-43)
또는 물 1/2컵(p. 42-43)

작은 그릇에 타히니,
참기름, 라유, 간장,
식초, 산초, 고춧가루를
넣고 잘 휘저어
섞은 후 잠시
치워둡니다.

웍 또는 주물 팬을 강불로
예열하고 지방을 넣습니다.

지방이 녹으면 생강,
마늘, 대파 흰 부분,
야차이, 톈몐장을 넣은 뒤
향이 올라오고 갈색이
나기 시작할 때까지
30-60초간 저어가며
볶습니다.

돼지고기 다짐육을 넣고 약 3분간
조리합니다. 고기가 뭉치지 않고 골고루
익게끔 잘 누르고 저어줍니다.

섞어둔 타히니 소스를 넣고
잘 섞일 때까지 저은 다음

육수를 넣고 계속 저어가며
1분 더 조리합니다.

남은 대파
초록 부분을
넣고 잘
볶아줍니다.

마지막으로 기호에 따라
간과 맵기를 조절한 뒤 불에서
내립니다.

탄탄멘 레시피를 참고해 사용하고,
남은 돈육은 냉장하면 3일,
냉동고에서는 3개월까지
보관 가능합니다.

야키소바
(볶음 라멘)

4인분

재료:

수제 라멘 면(p. 79) 또는 시판 생면 450g

카놀라유 7큰술

간장 3큰술

미림 3큰술

쌀식초 2작은술

참기름 1큰술

닭 다리 살, 닭 가슴 살, 소고기 등심이나 안창살, 돼지고기 등심이나 안심 등 구이용 부위 약 250g, 약 0.5x5cm 크기로 길게 잘라 준비, 또는 껍질과 내장을 제거한 새우 약 250g

브로콜리 작은 뭉치로 1통, 약 2.5cm 크기로 자른 것, 약 2컵

물 1/2컵

마늘 2쪽, 얇게 저민 것

대파 약 6대, 손질 후 2.5cm 길이로 자른 것

홍고추 1-2개, 채 썬 것

양배추, 채 썬 것, 2컵

시치미 1작은술

채 썬 초생강 적당량 (없어도 무관, p. 118)

새우를 쓴다면 웍에 볶는 첫 번째 과정을 생략하고 대파, 고추를 볶을 때 함께 넣으면 돼요.

츠케멘 조리법 (p. 132)을 참고해 면을 삶아 식힌 뒤 물기를 제거하고 카놀라유 1큰술을 넣어 가볍게 버무려둡니다.

작은 그릇에 간장, 미림, 식초, 참기름을 넣어 잘 섞어둡니다.

웍을 강불로 예열한 뒤 카놀라유 2큰술을 넣습니다.

연기가 살짝 오르면 고기를 넣고 2분간 조리합니다. 30초마다 저어줍니다.

고기를 다른 그릇에 담아둡니다.

북미에서는 야키소바나 로메인, 차오멘 등의 볶음면을 특히 테이크아웃 식당에서 자주 사먹습니다. 쫄깃한 면발과 그릇 가득 넘쳐흐르는 풍미로 인해 인기가 많은 메뉴죠.

면이 달라붙는 걸 방지하려면 웍을 뜨겁게 달구고 면의 물기를 최대한 제거한 뒤 기름으로 잘 코팅하는 것이 중요합니다.

이 책에서 소개하는 레시피는 대부분의 육류와 채소에 잘 어울리므로 여러분의 기호에 따라 다양한 부재료의 조합에 도전해 보세요!

마른 키친 타월로
웍을 잘 닦은 뒤
다시 불에 올리고
기름 1큰술을 넣습니다.
참고로, 뜨겁게
조리해둔 재료들은
다른 재료들을 기다리는 동안
계속 조금씩 익는
상태가 됩니다.
연기가 올라오면 브로콜리를
넣고 뜨거운 기름에 살짝
태우듯 1분간 둡니다.
한 번만 젓습니다.
분량의 물을 붓고 살짝 저어가며
브로콜리가 밝은 초록색으로
부드러워지고 물이 거의 증발할 때까지
2-3분간 익힙니다.
그래서 가능하면
가급적 조리 과정을
한번에 쭉 이어가는 것이
좋습니다. 각 재료를 조금씩
덜 익히는 것도 한 가지
방법입니다.
기름 1큰술과 마늘, 양파,
고추, 양배추를 넣습니다.
가끔 저어 가며 양파가
부드러워질 때까지 1-2분간
조리합니다.
고기를 담아둔
그릇에
옮겨놓습니다.

웍을 닦습니다.
다시 불에 올리고 기름
2큰술을 넣습니다.
연기가 올라오면 면을 넣고
잘 저어 골고루 기름으로
코팅합니다.
조리해둔 고기와 채소, 양념장,
시치미를 넣고 잘 뒤섞어줍니다.
각자 따로 한 그릇씩
나눠 담고 위에
초생강을 얹거나, 큰
접시에 통째로 담은 뒤
초생강을 따로 냅니다.
완성입니다.

카레 라멘

4인분

재료:

코코넛 오일 또는
카놀라유 2큰술

샬롯 2개, 큰 것, 다져서 준비

마늘 3쪽, 다진 것

생강 5cm가량,
껍질을 벗겨 다진 것

프레스노 고추 또는
할라페뇨 고추 1개, 꼭지 따고
씨앗 제거해 다진 것

사과 1/2개, 강판에 간 것

카레 가루 2큰술

돼지 육수나 닭 육수 또는
이를 혼합한 것 4컵(p. 42),
또는 채소 국물 4컵(p. 60)

코코넛 밀크 400mL, 캔

피시 소스 1큰술 또는 기호에
따라 추가(없어도 무관)

수제 라멘 면(p. 79) 또는
시판 면 150g(1인당)

소금

냄비에 기름을 넣고
중불로 가열한 뒤

샬롯, 마늘, 생강, 고추,
사과를 넣고 조금씩 저어 가며
2-3분간 조리해 재료가
갈색이 나기 시작하면

카레 가루를
넣고

육수와 코코넛 밀크를
넣고 잘 저어줍니다.

카레를 좋아하면
이 퓨전 요리도 꼭
도전해보세요.

이 소스는 루를 써서
각종 카츠(일본식 커틀릿)에
얹어 내는 전통적인 카레에
비해 훨씬 묽으며, 미얀마
스타일의 카오 소이 국수
느낌에 좀 더 가깝습니다.

곁들임으로는 살짝
헤비한 차슈보다는
풀드 치킨(p. 94)이나
일본식 고기완자(p. 98)를
추천합니다. 생 라임과 샬롯,
초생강 등을 함께 내면 코코넛
밀크의 진한 풍미와
잘 어울릴 거예요.

불을 올려 소스가
끓어오르면
다시 불을 낮춰 15분 정도
약불에 끓입니다.
어울리는 곁들임:
풀드 치킨(p. 94)
일본식 고기완자(p. 98)
아지타마고(p. 104)
초생강(p. 118)
샬롯, 잘게 썰어 라임 즙을 뿌린 것
라임 조각
생고수, 적당히 썬 것
시간이 되면 불에서
내리고 피시 소스를
넣은 뒤 소금으로
간합니다.
이렇게 만든 카레 소스에
원하는 면과 토핑을 더해
한 그릇의 라멘을
완성합니다(p. 24).
라임 즙을 뿌린 샬롯,
고수, 초생강, 아지타마고,
풀드 치킨 등을
추천합니다.

김치 조림 치킨 라멘

4인분

재료:

훈제 베이컨 4줄, 0.5cm 너비로 자른 것

물 2와 1/2컵

닭 다리 6개, 가급적 뼈와 껍질이 있는 것으로

소금 1과 1/2작은술, 기호에 따라 추가

양파 1개, 약 2.5cm로 썬 것

마늘 4쪽, 얇게 저민 것

완숙 토마토 500g, 손톱만 하게 썬 것, 또는 400g 짜리 토마토 다이스 캔 1개

김치 2컵, 약 2.5cm로 썬 것

간장 2큰술

쌀식초 1큰술

닭 육수 또는 돼지 육수(p. 42) 적당량(대략 1-2컵)

수제 라멘 면(p. 79) 또는 시판 면 150g(1인당)

찜냄비에 베이컨을 넣고 물 1/2컵을 부은 뒤

중강불로 가열합니다. 물이 증발하고 베이컨에서 기름이 충분히 나올 때까지 3-4분간 저어가며 조리합니다.

풍미 가득 맛있는 국물을 버리지 마세요! 조림 요리를 하고 남은 소스는 얼마든지 다른 요리에 활용할 수 있답니다. 특히 라멘은 이런 소스에 정말 잘 어울리죠.

이 레시피에서 사용하는 한국 김치는 그 특유의 톡 쏘는 향과 깊은 감칠맛을 닭고기에 더해주는데, 이렇게 조리하고 남은 소스를 라멘 국물 베이스로 한번 활용해 보세요.

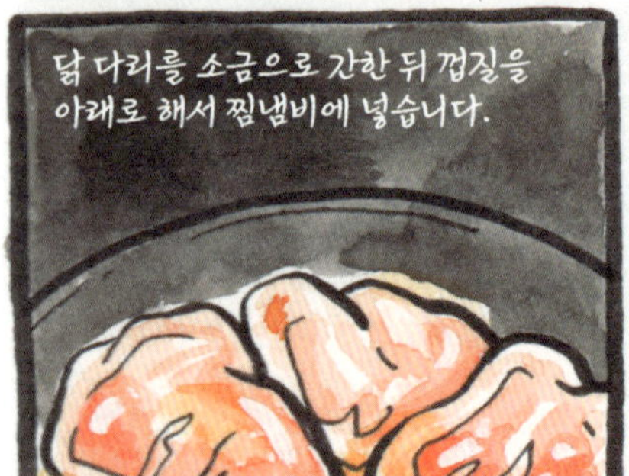

뒤집은 면을 3분 더 구운 뒤 꺼냅니다.

찜냄비에 양파와 마늘을 넣고 소금으로 간한 뒤 양파가 부드러워질 때까지 조금씩 저어가며 3-4분간 익힌 다음
토마토 과육과 즙을 (캔이라면 안의 주스까지) 넣고 김치, 간장, 식초, 남은 2컵의 물을 넣고 저어줍니다.
바닥에 눌어붙은 맛있는 성분들을 잊지 말고 모두 긁어주세요.
베이컨과 닭고기를 다시 찜냄비에 잘 담은 다음
뚜껑을 단단히 덮고 불을 줄여 뭉근히 끓입니다.
닭고기가 쉽게 찢어질 때까지 약 20-25분간 조리합니다 (뼈 없는 다리 살이라면 약 15분).
불에서 내린 뒤 고기를 손으로 만질 수 있을 때까지 뚜껑을 연 채로 식힙니다.
껍질은 벗겨서 구운 닭 껍질(p. 117)에 쓰거나 버립니다.
닭고기를 한 입 크기로 찢습니다. 살과 뼈 사이의 물렁뼈는 잊지 말고 제거합니다.
닭고기를 다시 찜냄비에 넣습니다.

그릇 4개에 닭고기와 김치를 나눠 담습니다.

24쪽을 참고해 원하는 한 그릇의 라멘을 완성합니다.
기본적으로 한 그릇에 국물 360mL와 4등분한 닭고기 및
김치를 담고 원하는 토핑을 올립니다.

남은 재료들은 소분하여 냉장하면 3일,
냉동고에서는 3개월까지
보관 가능합니다.

어울리는 곁들임:

차슈(p. 89)

일본식 고기완자(p. 98)

온센타마고(p. 108)

아지타마고(p. 104)

구운 닭 껍질(p. 117)

볶은 채소(p. 112)

초생강(p. 118)

김(p. 18)

파

참깨

구운 토마토 새우 라멘

4인분

재료:

완숙 방울토마토 약 300g, 반으로 자른 것

소금 1작은술

새우 500g, 가급적 껍질과 머리가 있는 것

버터 8큰술

샬롯 2개, 큰 것, 다져서 준비

마늘 4쪽, 다진 것

생강 5cm가량, 껍질을 벗겨 다진 것

대파 약 6대, 손질 후 흰 부분은 다지고 초록 부분은 얇게 어슷 썰어 따로 준비

청주 1/2컵

채소 국물 1L(p. 60)

다시 500mL(p. 45)

시오 타레 90mL(6큰술, p. 46), 기호에 따라 가감

시치미 1큰술(17쪽 팬트리 참고)

수제 라멘 면(p. 79) 또는 시판 면 150g(1인당)

오븐을 150도로 예열합니다.

베이킹 팬에 종이 호일을 깔고 토마토를 자른 면이 위로 오게 펼친 뒤 소금으로 간한 다음

쪼글쪼글하되 즙이 살아 있을 정도까지 45-60분간 굽습니다.

라멘집에서 만날 수 있는 해물 라멘도 보통 돼지나 닭 국물을 쓰는 경우가 많습니다. 교카이 국물(p. 63)의 강한 감칠맛과 풍미가 사람에 따라 부담스럽게 다가갈 수도 있거든요.

그래서 이 책에서는 해산물은 드시되 육고기를 안 드시는 분을 위한 레시피를 준비했습니다.

토마토에 열을 가하면 특유의 풍미가 배가되어, 마늘 향미 가득한 새우를 넣은 이 요리에 정말 잘 어울립니다.

토마토를 오븐에서 꺼내어 살짝 식힙니다.

혹시 즙이 배어 나왔다면 버리지 말고 잘 모아두세요.

이 요리에 쓰는 새우로는
껍질과 머리가 온전한 새우가
가장 좋아요. 하지만 껍질 벗긴
새우밖에 없다면 껍질 볶는
과정을 생략하고 바로 마늘을
비롯한 향신 채소 단계로
넘어가세요.
새우의 껍질을 벗기고
내장을 제거합니다.
머리와 껍질은 버리지
않습니다.
중간 크기의 냄비를 중강불로
예열하고 버터 4큰술을 넣습니다.
버터가 녹으면 새우 머리와 껍질을
넣고 소금으로 간합니다.
자주 저어주고
머리를 으깨가며
핑크색이 될 때까지
2분 정도
볶습니다.
샬롯, 마늘, 생강,
대파 흰 부분을 넣은 뒤
향신 채소의 향이 올라오고
살짝 부드러워지며
냄비 바닥이 살짝 갈색으로
눌어붙을 때까지
2-3분간 더
조리합니다.
냄새가
끝내줘요!
불을 강불로 올리고
청주를 붓습니다.
냄비 바닥에 눌어붙은
재료들을 잘 긁어가며 저어줍니다.
술이 거의 날아갈 때까지 60-90초
정도 끓입니다.

채소 국물과 다시,
토마토 즙(있으면)을 넣고
잘 저은 뒤 가열해서
끓어오르면
불을 낮추고 20분간
뭉근히 끓입니다.
시간이 되면 불에서
내린 뒤 타레를
섞습니다.
간장이나 미소 타레는
이 국물의 섬세함을 해치기
쉽지만, 시오 타레는 재료
본연의 맛을 살려줄 거예요.
국물을 고운 체에 거르고
껍질과 머리를 눌러 남아 있는
감칠맛을 최대한
뽑아냅니다.
국물 양이
총 1.5L가량
될 때까지 물을
더하고 간을 본 뒤
부족하면 타레를
추가해 맞춥니다.
국물은 완성입니다.
이대로 식혀 냉장하면
3일, 냉동고에서는
3개월까지 보관
가능합니다.
3일
3개월
이제 새우 토핑을 준비할 차례입니다.
중강불로 예열한 팬에 남은 버터
4큰술을 넣습니다.
버터가 녹으면 새우를
소금으로 간한 뒤 팬에
올립니다.

만들어 놓은 국물에 면과 새우, 토마토 토핑을 더해 한 그릇의 라멘을 완성합니다(p. 24).

팬에 남은 버터도 국물 주위에 뿌려주세요.

어울리는 곁들임:

온센타마고(p. 108)

아지타마고(p. 104)

볶은 채소(p. 112)

초생강(p. 118)

마늘샬롯 향미유(p. 123)

라유(p. 124)

볶은 샬롯과 대파(p. 119)

파

참깨

아도보 치킨 라멘

재료:

훈제 베이컨 500g,
2.5cm 크기로 자른 것

물 1/2컵

닭 다리 6개, 가급적 뼈와
껍질이 있는 것으로

소금

샬롯 4개, 잘게 썬 것

마늘 8쪽,
칼 옆면으로 으깬 것

식초 3/4컵
(사탕수수, 쌀, 사과)

피시 소스 1/4컵

간장 1/4컵

월계수 잎 4장

수제 라멘 면(p. 79) 또는
시판 면 150g(1인당)

파

초생강(p. 118)

온센타마고(p. 108) 또는
부드러운 아지타마고
(p. 104)

4인분

찜냄비에
베이컨을 넣고
물 1/2컵을
부은 뒤

중강불로 가열합니다.
물이 증발하고
베이컨에서 기름이
충분히 나올 때까지
3-4분간 저어가며
조리합니다.

닭 다리를 소금으로 간한 뒤
껍질을 아래로 해서 찜냄비에
넣습니다.

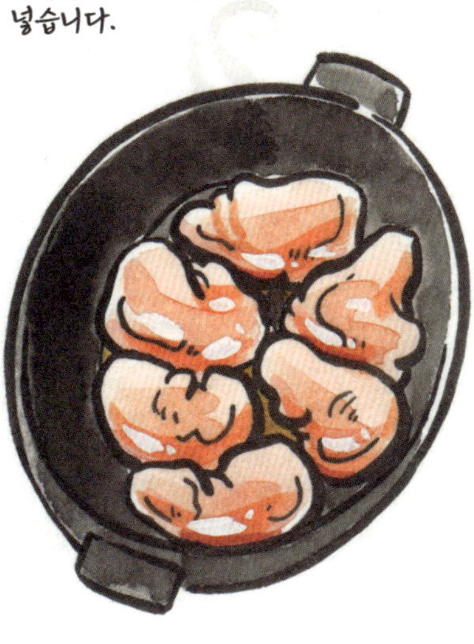

아도보는 풍미 가득한
필리핀 스타일의 찜요리로,
라멘과도 무척 잘 어울립니다.

훈제 베이컨과
닭고기에 샬롯, 식초,
피시 소스를 넣어 맛을
응축시킨 이 요리는 한입
베어 무는 순간 입안에서
그 특유의 감칠맛이 폭발하며,
특히 마제소바와
찰떡궁합입니다.

황갈색이 나며 달라붙지
않을 때까지 3-4분 정도
구운 뒤 뒤집습니다.
뒤집은 면을 3분 더
구운 뒤 꺼냅니다.
찜냄비에 샬롯과 마늘을 넣고 샬롯이
부드러워질 때까지 조금씩 저어가며
2분간 익힌 다음
식초, 피시 소스, 간장, 월계수 잎을 넣고
저어줍니다. 바닥에 눌어붙은
맛있는 성분들을
잊지 말고 모두
긁어주세요.
베이컨과 닭고기를
다시 찜냄비에 잘 담은
다음 소스가
끓어오르면
뚜껑을 단단히 덮고 불을
줄여 뭉근히 끓입니다.
한두 번 고기를 뒤집고
양념을 끼얹어줍니다.
닭고기가 뼈와 쉽게 분리
될 때까지 약 20-25분간
조리합니다(뼈 없는
다리 살이라면
약 15분).
불에서 내린 뒤 고기를
손으로 만질 수 있을 때까지
뚜껑을 연 채로 식힙니다.
껍질은 벗겨서
구운 닭 껍질(p. 117)에
쓰거나 버립니다.
월계수 잎은 버립니다.
닭고기를 적당한
크기로 찢습니다.
살과 뼈 사이의 물렁뼈는
잊지 말고 제거합니다.

닭고기를 만들어둔 소스와
함께 다시 찜냄비에 넣습니다.
충분한 크기의 냄비에
물을 넣고 끓입니다.
어울리는 곁들임:
볶은 채소(p. 112)
구운 닭 껍질(p. 117)
동시에 소스와 닭고기를
다시 끓입니다.
조리법을 참고해
면을 삶아 물기를 잘 뺀 뒤
그릇에 담고
닭고기와 소스, 남은 기름 등의 고명을
4등분해 면 위에 올리고, 기호에
따라 원하는 고명을
추가로 올리면
완성입니다. 달걀을 깨서
면과 소스 등의 재료와 충분히
잘 섞이게 비벼 먹습니다.
남은 닭고기와 소스는
한 곳에 담아 냉장하면 3일,
냉동고에서는 3개월까지
보관 가능합니다.
작은 냄비에 데워
사용합니다.
3일
3개월

압력솥의 모든 것

압력솥에는 가스레인지에 올려 사용하는 직화식도 있고 전기를 사용하는 모델도 있지만, 기본적인 원리는 동일합니다.

단단히 밀폐된 솥 내부의 압력을 올려 끓는점을 비롯해 전체적인 온도를 높여, 결과적으로 높은 온도에서 빠르게 재료를 익히는 것입니다.

내부에서 끓어오르는 수증기를 가둬 놓아야 하므로 모든 압력솥에는 뚜껑을 단단히 고정할 수 있는 안전장치가 달려 있습니다. 뚜껑을 열기 전, 먼저 안전을 위해 뜨거워진 수증기를 서서히 내보내는 게 중요합니다.

구입한 압력솥의 사용설명서를 잘 읽고 안전 관련 사항을 숙지해두시기 바랍니다.

여기선 압력솥을 이용한 두 가지 응용 메뉴를 소개할까 합니다. 기본 원리를 익힌 뒤, 다른 요리에도 얼마든지 응용해보세요.
첫 번째는 라멘군주, 마이크 새티노버(p. 170)로부터 영감을 받은 테크닉입니다.
돈코츠 국물을 끓일 때, 보통은 긴 시간 강한 불로 끓여 최대한 끄집어낸 젤라틴과 지방이 자연스럽게 유화되며 뒤섞이게 하는 방식을 씁니다.
하지만 압력솥과 블렌더를 사용하면 조리 시간을 줄이고 좀 더 공격적으로 내용물을 섞어서 일반적인 돈코츠 국물(p. 52)에 비해 더욱 진하고 크리미한 국물을 빠르게 만들어낼 수 있지요.
시간을 절약할 수 있을 뿐 아니라 결과물도 훨씬 농후해집니다.
압력솥에서 나올 때만 해도 꽤 연하고 맑아 보이죠. 하지만 일단 블렌더를 거치고 나면 정말 깜짝 놀랄 정도로 새하얀 국물이 만들어진답니다.
두 번째는 시간을 줄이는 레시피는 아니지만, 달걀 껍데기를 벗기기가 훨씬 쉬워져요.
압력솥이라 조리 시간이 줄어 노른자의 질감은 기존의 달걀과 다를 수 있습니다.
하지만 분명 부드럽고 크리미한 노른자를 얻을 수 있는 레시피이므로 기호에 맞게 조리 시간을 조정해 아지타마고(p. 104)에 사용해보세요.

압력솥 돈코츠 국물

2와 1/2L 분량

재료:

돼지족 1개

돼지 목뼈 또는 갈비뼈, 또는 살을 발라내고 남은 닭뼈 1.5kg

대파 약 6대, 손질 후 반으로 자른 것

생강 100g, 껍질을 벗기지 않고 0.5cm 두께로 썬 것

압력솥에 모든 재료를 담고 물 2리터를 붓습니다. 사용하는 압력솥의 최대 용량을 넘지 않게 주의합니다.

뚜껑을 단단히 닫고 고압으로 2시간 동안 조리합니다.

시간이 되면 자연스럽게 수증기가 빠지고 식을 때까지 두었다가 뚜껑을 엽니다.

국물을 체에 거른 뒤 블렌더에 넣습니다 (필요하다면 횟수를 나눕니다). 처음에는 서서히 시작하고 점차 속도를 높여가며 국물과 지방이 크리미하게 유화될 때까지 돌립니다.

완성된 국물을 360mL씩 소분해 냉장하면 냉장하면 5일, 냉동고에서는 6개월까지 보관 가능합니다.

사용할 때는 국물 360mL당 다음의 표를 참고해 원하는 타레를 더합니다. 이미 국물에 지방이 유화돼 있으므로 추가로 지방을 넣을 필요는 없습니다.

타레	육수 360mL당 권장량
시오 (p. 46)	30mL(2큰술)
쇼유 (p. 47)	60mL(1/4컵)
미소 (p. 48)	60mL(1/4컵)

압력솥 아지타마고

6개 분량

재료:

달걀 6개

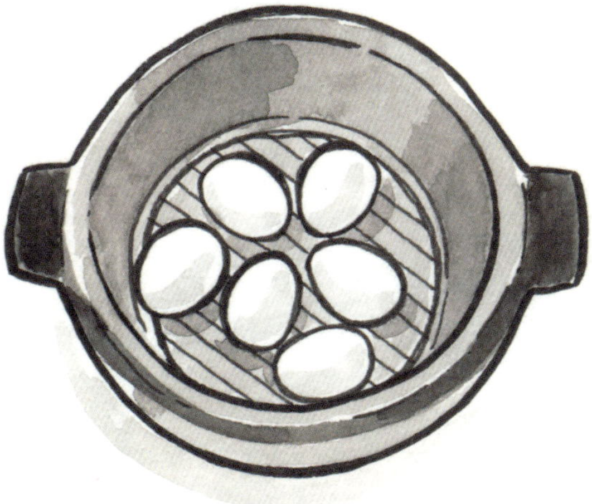

압력솥 안에 찜기를 깔고 그 위에 달걀을 올려놓습니다.

물 1컵을 붓습니다.

뚜껑을 단단히 닫고 낮은 압력으로 5분간 조리합니다.

밸브를 열어 증기를 빼낸 뒤 달걀을 꺼내.

볼에 담아 흐르는 찬물에 식힙니다.

달걀이 식으면 껍데기를 벗겨 104쪽의 아지타마고 조리법에 나온 대로 양념 국물에 재웁니다.

마이크 새티노버

가정에서 즐기는 간단한 라멘

저도 처음 라멘에 도전할 때는 감이 잡히지 않았지만, 재료를 따로따로 만드는 연습을 한 게 도움이 됐답니다. 무엇보다 즐기는 게 중요해요.
각 재료에 집중하며 한 번에 하나씩 만들다 보니 어느 순간부터 그 재료들을 이해할 수 있게 됐고, 재료가 라멘이라는 커다란 퍼즐의 조각처럼 보이게 됐죠.
이렇게 재료들이 준비된다면 한 그릇의 라멘을 완성하는 건 시간 문제예요.
유용한 팁들:
타레는 매번 번거롭게 만들 필요 없이 한 번에 많이 만들어도 됩니다. 오히려 시간이 지날수록 맛이 좋아지기도 한답니다.
처음엔 다양한 도구 없이 간단한 조리 기구로 시작해도 충분해요. 중요한 건 화려한 냄비나 팬이 아니라 재료 그 자체니까요.
500mL 또는 1L 정도의 델리 용기(플라스틱 보관 용기)는 라멘 요리에 있어 없어서는 안 되는 필수품이에요. 용량도 적당하고 가격도 저렴한데 재사용도 가능하거든요.
주요 재료가 준비돼 있다면 남은 건 파를 썰거나 채소를 볶아 고명으로 올리는 정도라 어려울 게 없어요.
이게 전부예요. 라멘에 들어가는 재료를 단계로 나누어 미리 조금씩 준비해 두면 원할 때마다 언제든 편리하게 라멘을 조리할 수 있답니다. 정말 쉽고 재밌어요!

고치소사마

(잘 먹었습니다)

끝없는 라멘의
바다에서 헤엄쳐
보세요.
기본을 잊지 않으면
길을 잃지 않을 거예요.
항상 새로운 실험과
혁신을 두려워하지
마세요.
겹겹이 쌓인 라멘의
풍미처럼, 맛의 영감 또한
언제 어디서 튀어나올지 모르니
항상 마음을 열어두세요.
세상은 하나의
기다란 면발과도 같아요.
언제 어디에 가든
새로운 라멘집에
도전해보세요.
ラーメン
ラーメン
뭐든 아이디어가
보이는 듯하면 주저 말고
그 맛있는 길을
달려가보세요.
그리고
무엇보다,
즐기세요!

고마운 분들
일본의 라멘집들
스테파니 마럼 & 폭찹
고기완자 200엔
고후, 하네다야 라멘집
캐시 콜먼
제임스 아마노
고바야시 유미코
고바야시 이사오
하지메 아마노
히데코 아마노
타다시 아마노
차슈 200엔
면추가 150엔
츠케멘 800엔
켄드라 피터슨
미소 700엔
댄 골드버그
라이언 라폴리
앤디 글루어
맷 메나
던 막스
루스 코라
존 개빈
애나 팔리자-브라운
조던 마틴스
데이비드 장
아키야마씨
해럴드 맥기
앤서니 버데인
닐 세마
짐 해리슨
온센타마고 150엔

아이반 오르킨
브라이언 맥덕스턴
켄시로 우키
마이크 새터노버
나일스 배러노우스키,
쳉 여사님 & 토키
라멘 너즈
에이미 콜린스
에밀리 팀버레이크
앤 골드버그
클로이 콜린스
키미 테자신두
뉴잉글랜드
요리연구소
샘 배러노우스키,
마크 배러노우스키,
& 아일린 데일리
갈쿠니 200엔
탄탄멘
800엔
스티브 마이어스
& 히로코
마이어스
헤더 터훈
토리 밀러
앤드루
허프
코린 무차
리즈 웨인
드니스
브루어
에이브 콘런,
에이드리언 로,
팻라이스 크루
그렉 톰린슨
& 토냐 톰린슨
베키 구트로
맥주
600

휴 아마노

일본계 미국인인 휴 아마노는 어린 시절 친가인 일본을 자주 방문해 시간을 보내곤 했습니다. 콜로라도의 작은 마을 출신으로, 전혀 다른 문화권인 일본에서 방황하는 걸 즐기던 휴는 나트륨 함량이 높으니 많이 먹지 말라는 부모님의 걱정 어린 경고를 무시한 채 아버지가 거주하던 교토의 아파트에 머무는 내내 기회가 될 때마다 라멘을 찾아 헤매며 라멘을 향한 애정과 열정을 키웠습니다. 미국으로 돌아간 뒤에도 친구들이 버거와 아이스크림에 빠져 있는 사이 휴는 하루 종일 교토에서 오는 소포만 기다렸죠. 물론 그 소포 안에는 포키스틱과 밀키캔디가 있었지만, 무엇보다 휴를 흥분케 한 것은 바로 이치반 라멘이었습니다. 휴에게 이치반 라멘은 스키 매점에서 파는 라멘이나 대학생들이 마트에서 사 먹는 라멘들과는 전혀 달랐습니다. 점차 나이가 들며 라멘을 향한 휴의 관심(과 입맛)은 점차 성숙해갔고, 언젠가부터는 일본에 방문할 때마다 최대한 많은 라멘집을 방문하는 게 목표가 되었습니다. 미국에 돌아와서도 라멘에 대한 열정은 식을 줄 몰랐고, 라멘 애호가이자 요리사로서의 경험과 지식을 총동원해 가정에서 라멘을 즐길 수 있는 여러 방법과 자신만의 레시피를 고안해냈습니다.

휴는 현재 시카고에 살며, 셰프이자 작가로 활동하고 있습니다. 최근에는 바로 그 새라 비컨이 그림을 그린 《The Adventures of Fat Rice》를 공동 집필했습니다.

새라 비컨

새라 비컨은 시카고를 중심으로 활동하는 일러스트레이터이자 만화가, 디자이너입니다. 2010년부터 음식 관련 만화를 그려온 새라는 음식을 중심 소재로 풀어간 자전적 웹코믹인 〈I Think You're Sauceone〉을 그렸으며, 그동안 사베르《Saveur》 매거진, Eater.com, 로데일스 오가닉 라이프, 스타셰프, 테이스팅 테이블, 트루스아웃, 더 시카고 리더 등 다양한 매체에 작품을 올리며 실력을 뽐냈습니다. 또한 새라는 2010년 출간한 첫 그래픽노블《The Complete Ouija Interview》로 제릭상 및 스텀프타운 트로피의 신인상을 수상했으며, 그 여세를 몰아 2012년 초에는 두 번째 그래픽노블인《Shuteye》를 출간하기도 했습니다. 카리야 테츠의《맛의 달인》을 비롯한 일본 미식 만화를 통해 처음 시작된 일본 요리를 향한 새라의 관심은 자연스럽게 가족과 친구가 살고 있던 일본 여행으로까지 이어졌고, 그렇게 라멘을 향한 멈출 수 없는 사랑이 시작되었습니다 (그중에서도 특히 차슈와 구운 마늘, 추가 아지타마고까지 얹은 미소 라멘!). 신요코하마의 라멘 박물관은 새라에겐 낙원이나 다름없었죠.

최근작으로 휴 아마노와 함께한 《The Adventures of Fat Rice》, 스털링퍼블리싱에서 출간한 《Smoothie Bowls》가 있습니다. 할 수만 있다면 하루 종일 음식 그림만 그리면서 살고 싶다고 합니다.

찾아보기

ㅁ

ㅂ

ㅅ

ㅇ

ㅌ

ㅍ

ㅎ

이것이 라멘!

초판 1쇄 2025년 12월 20일

지은이 휴 아마노 & 새라 비컨
옮긴이 임태현

발행인 박장희
대표이사 겸 제작총괄 신용호
본부장 이정아
책임편집 이상민
기획위원 박정호
마케팅 김주희 이현지 한륜아 이나경

디자인(본문) 송산호
디자인(표지) 변바희

발행처 중앙일보에스㈜
주소 (03909) 서울 마포구 상암산로 48-6
등록 2008년 1월 25일 제2014-000178호
문의 jbooks@joongang.co.kr
홈페이지 jbooks.joins.com
인스타그램 @j__books

ISBN 978-89-278-1346-0 07590

LET'S MAKE RAMEN!
SIMPLE, LEGIT RECIPES FOR COOKING RAMEN AT HOME BY HUGH AMANO
COPYRIGHT © 2019 BY HUGH AMANO AND SARAH BECAN
ILLUSTRATION COPYRIGHT © 2019 BY SARAH BECAN

ALL RIGHTS RESERVED INCLUDING THE RIGHT OF REPRODUCTION IN WHOLE OR IN PART IN ANY FORM.
NO PART OF THIS BOOK MAY BE USED OR REPRODUCED IN ANY MANNER FOR THE PURPOSE OF TRAINING ARTIFICIAL INTELLIGENCE TECHNOLOGIES OR SYSTEMS.
THIS KOREAN EDITION WAS PUBLISHED BY JOONGANGILBO S CO.,LTD. IN 2025 BY ARRANGEMENT WITH TEN SPEED GRAPHIC, AN IMPRINT OF THE CROWN PUBLISHING GROUP, A DIVISION OF PENGUIN RANDOM HOUSE LLC THROUGH KCC(KOREA COPYRIGHT CENTER INC.), SEOUL.

- 이 책은 (주)한국저작권센터(KCC)를 통한 저작권자와의 독점계약으로 중앙일보에스㈜에서 출간되었습니다.
- 저작권법에 따라 보호받는 저작물이므로 무단 전재와 무단 복제를 금하며
  책 내용의 전부 또는 일부를 이용하려면 반드시 저작권자와 중앙일보에스㈜의 서면 동의를 받아야 합니다.
- 책값은 뒤표지에 있습니다.
- 잘못된 책은 구입처에서 바꿔 드립니다.

중앙북스는 중앙일보에스㈜의 단행본 출판 브랜드입니다.